在这里发现句容别样的美

别样的美

——句容市景区景点优秀导游词汇编

许家荣◎主编

九州出版社
JIUZHOUPRESS

图书在版编目（CIP）数据

在这里发现句容别样的美 ：句容市景区景点优秀导游词汇编 / 许家荣主编. -- 北京 ：九州出版社，2021.11

ISBN 978-7-5225-0631-9

Ⅰ. ①在… Ⅱ. ①许… Ⅲ. ①导游－解说词－句容 Ⅳ. ①K928.953.4

中国版本图书馆CIP数据核字(2021)第223714号

在这里发现句容别样的美：句容市景区景点优秀导游词汇编

作　　者	许家荣　主编
责任编辑	蒋运华
出版发行	九州出版社
地　　址	北京市西城区阜外大街甲35号（100037）
发行电话	（010）68992190/3/5/6
网　　址	www.jiuzhoupress.com
印　　刷	福建省天一屏山印务有限公司
开　　本	880 毫米×1230 毫米　　　　32开
印　　张	5.5
字　　数	150千字
版　　次	2021年11月第1版
印　　次	2021年11月第1次印刷
书　　号	ISBN 978-7-5225-0631-9
定　　价	48.00元

《在这里发现句容别样的美

—— 句容市景区景点优秀导游词汇编》

编委会

主　编　许家荣

副主编　陈玉林　杨　玲　陈巧根　王海明　吴名建

编　委　余锡龙　王雍琰　史巢凤　赵厚春　藤庆海

　　　　吴启刚

图　片　杨　政　余　晖

文章来源：所有文章在征集时经过著作人同意并授权，部分文章来源各景
　　　点管委会

葛洪故里　秦淮源头（代序）

句容市地处苏南，东连镇江，西接南京，是南京的东南门户，素有"南京新东郊、金陵御花园"之美誉。市辖8个镇，3个街道，1个省级经济开发区。全市总面积1385平方公里，总人口约60万，是长江三角洲一座集港口、工业、商贸、旅游为一体的城市。

句容于西汉元朔元年（公元前128年）置县，迄今已有2000余年的历史，是江苏省最早建县的13个文明古县之一。1995年4月经国务院批准撤县设市，是国务院最早公布的对外开放地区之一。

句容是全国文明城市、中国优秀旅游城市、国家级生态示范区、全国科技工作先进市、国家卫生城市、国家环保模范城市、中国草莓之乡、江苏省文明城市。

句容自然资源丰富，矿产品种多样，旅游资源独特，农业资源丰富，还拥有3.7公里的长江深水岸线。句容区位优越，交通便捷，沪宁高速、宁太高速、宁杭国道、312国道等8条国、省道横贯东西南北。

句容气候温和，山水秀丽，人文荟萃，古迹众多，境内蕴含丰富的旅游资源，有道家"第一福地、第八洞天"——茅山，"律宗第一名山"——宝华山。"南道北佛"茅山、宝华山远近闻名，红色文化、高效农业等多种旅游资源独具特色。目前句容拥有国家5A级景区1家、4A级景区2家，全国休闲农业与乡村旅游五星级园区2家，省级旅游度假区1个，江苏省三星级乡村旅游点35家，荣获全国"最佳旅游目的地城市"称号，入选了国家首批"全域旅游示范区创建单位"。

句容的美，美在青烟萦绕的茅山。茅山，道教上清派发源地，国家5A级景区，自然风光瑰丽多姿，九峰、十八泉、二十六洞、二十八池等胜景令人心驰。择清幽曲径拾级而上，听悠远绵长的道乐与山间松涛鹤鸣合奏出一曲"人间难得几回闻"的缥缈仙曲。茅山似蛰伏在容城的巨龙，于清风徐徐的众仙府邸，极目昂首，蓄势腾飞。

句容的美，美在香火鼎盛的宝华。宝华山，佛教律宗第一名山，国家4A级风景区，"林麓之美、峰峦之秀、洞壑之深，烟霞之胜"四大奇景让人神往。盛夏无暑，清静绝尘，玉兰飘香，林间野趣的跳跃与佛门禅意的清幽完美融合，流淌在源起山麓的句容河水中，孕育出风情无限的十里秦淮。

句容的美，美在碧波千里的赤山湖。赤山湖，国家湿地公园，被誉为"鸟的天堂"。山水相依，景色宜人，一年四季水天一色，白鹭翩飞，是南京都市圈内最大的"天然氧吧"。"金陵八景"之一的"赤山映雪"就来自赤山湖。赤山湖如灵动欲飞的凤凰，遥望着盘踞东面的巨龙茅山，绘就成"龙凤呈祥"的福地画卷。

许家荣

2021 年 5 月 30 日

目录

美丽句容欢迎您

我的家乡是一座美丽的城市，他有一个名字叫句容。

句容地处苏南，东连镇江，西接南京，是南京的东南门户，是南京都市圈成员县级城市，素有"南京新东郊、金陵御花园"之美誉，是长江三角洲一座集港口、工业、商贸、旅游为一体的新兴城市。

句容于西汉元朔元年（公元前128年）置县，迄今已有两千余年的历史，是江苏省最早建县的十三个文明古县之一，历史上长期为南京下辖县。1995年4月经国务院批准撤县设市，成为国务院最早公布的对外开放地区之一。

句容旅游资源丰富，"南道北佛"茅山、宝华山远近闻名，红色文化、高效农业等多种旅游资源独具特色，入选国家首批"全域旅游示范区创建单位"。依托良好的山水生态资源，近年来，句容坚持用"全域"的理念来谋划推进，努力把旅游作为"生态优先、特色发展"的最佳聚焦点及调结构、促转型的重要抓手，按照"景城、特色镇、美丽乡村"三个层级来布局，把"山水林田湖"作为有机生命体来打造，厚植全域旅游新优势，

1

全力打造全景化体验、全业化融合、全时化产品、全民化共享的"四全"旅游。

句容境内气候温和，山水秀丽，人文荟萃，古迹众多，有道家"第一福地、第八洞天"——茅山，"律宗第一名山"——宝华山，江苏"九寨沟"——九龙山。

道教圣地茅山，山峰峻峭，洞天争奇，有三宫、五观、九峰、三十六洞、十八泉、二十八池之胜景，彼此配置得体，素有道家"第一福地，第八洞天"之称。南朝齐梁间著名道士、炼丹家陶弘景正式开创道教茅山派。金元时期为茅山道教发展全盛时期，时前山后岭，峰巅谷间，宫、观、庙、宇、馆、殿、堂、亭、台、楼、阁、坛、精舍、茅庵、道院、丹井、书院、桥梁等各种大小道教建筑300余座，5000多间。从古至今，茅山吸引了众多帝王将相、文人墨客。秦始皇曾亲临茅山，并在茅山埋下一对玉璧，留下了千古不解之谜。

有着我国佛教"律宗第一名山"之称的宝华山，其"林麓之美，峰峦之秀，洞壑之深，烟霞之胜"被视为四大奇景。三十六座山峰环抱的宝华山隆昌寺，距今已有1500余年历史，是明清以来影响最大的传教道场，全国有70%的僧尼来此受戒。除古代梁武帝登山会见宝志和尚外，清代康熙、雍正、乾隆均多次驾临此山寺。相传，乾隆皇帝六下江南、六上宝华山，留下了千古之谜。

众里寻他千百度，蓦然回首在句容。这里是一座绿洲，这里是一片净土，这里保留着原这里生态，是一处世之罕见的绿色深闺、一缕明媚的阳光，在诉说着历史的沧桑。

东南西北，紫气祥光，丰收的喜讯，传遍祖国的四面八方，漫步在句容，整洁而美丽的街道，道路平坦，树林郁翠，屋楼层栉，鸟语花香。

如今总投资 1050 亿元、国内首批"全室内、全天候、全季节"的大型主题乐园恒大文化旅游城落户句容，成为句容乃至镇江历史上体量最大的文旅项目。总投资 260 亿元的赤山湖五大 IP 休闲度假项目、200 亿元的茅山康养旅游综合体项目、100 亿元的边城体育康养小镇项目等体大、质优的项目纷纷签约落户。

句容，一个让人称道的地方，在大力发展全域旅游的道路上，"福地句容"将迎来更大发展空间。葛洪故里，秦淮源头，福地句容欢迎您！

山水田园　福地句容

句容始于西汉元朔元年（公元 128 年），距今已有两千余年的历史，历经西汉、东晋、唐、宋、元、明、清多个朝代。句容原是镇江市代管的县级市，1995 年 4 月撤县为市。句容地理位置极佳，地处苏南，东连镇江，西接南京，是南京的东南门户，素有"南京新东郊、金陵御花园"之美誉，是长江三角洲一座集港口、工业、商贸、旅游为一体的新兴城市。

来到了句容，不夸张说就是来了天堂，乾隆皇帝六次下江南，来的就是南京、镇江、扬州、无锡、苏州、杭州、海宁盐官这些地方，大家知道为什么乾隆皇帝要下江南吗？有人说这里的姑娘美，当然这只是其中一个原因，江南富庶，在当时可以算是清朝的经济、生活、文化示范区，那些官员自然要把最好的呈现给乾隆皇帝。接下来我给大家介绍下句容几个出名的名胜。

句容的主要景区有茅山、赤山湖、宝华山、瓦屋山。茅山是著名的道教圣地，被道家尊为"第一福地，第八洞天"，素有"秦汉神仙府，梁唐宰相家"之誉；大家经常在影视中听到"茅山道士"，说的就是我们句容的茅山。在元符万宁宫内有 1 座高 99 尺、重 106 吨、用 226 块青铜拼接而成的露天老子铜像。这尊铜像为中国道教史上，也是目前世界上最大、最高的 1 座露天老子神像，已被载入吉尼斯世界纪录。茅山道院鼎盛时期多达257 处，有房屋 5000 余间。太平天国时曾遭烧毁，至清末，尚存"三宫五观"。三宫为崇禧万寿宫、九霄万福宫、元符万宁宫，五观为德佑观、仁佑观、玉晨观、白云观、乾元观。1938 年 9月，日寇扫荡茅山，又焚毁了 90% 以上的道院房屋。"文化大革命"中，茅山道院又遭损毁，只剩一些断垣残壁。十一届三中全会以后，宗教政策得到落实，政府拨款修复了九霄万福宫和元符万宁宫，合称茅山道院。大家既然出来旅游，那就应该有点仪式感，大家上去的时候记得拜一拜，见佛就拜，佛自然把你爱，保你平安又发财。

赤山湖是国家级湿地公园、休闲旅游度假区。赤山海拔228.9 米，面积 4.2 平方公里，"赤山映雪"为古"金陵八景"之一。赤山湖为秦淮水系发源地之一，被誉为南京都市圈最大的"天然氧吧"，湖中有世界濒危物种、国家一级保护动物中华秋沙鸭等珍禽。

宝华山国家森林公园位于江苏省句容市西北部，与南京接壤。宝华山森林公园素有"林麓之美，峰峦之秀，洞壑之深，烟霞之胜"四大奇景。1984 年被省政府批准为"省级自然保护区"，是国家 AAAA 级景区。宝华山历史悠久，开山之祖南朝梁代高僧宝志登山结庵讲经传教，此山遂名声大震。宝志圆寂后，遂改花山为宝华山。以佛教传世的宝华山更有"二龙四池七台九洞十二泉"之胜景，集"林麓之美、峰峦之秀、洞壑之深、烟霞之胜"于一体，人在山中走，如在仙境行。宝华山的"雾海"比黄山云海毫不逊色，大家不要错过。大家既然来了要用力呼吸，增加身体内的氧气，也不枉跑这么一趟。

瓦屋山有江苏"九寨沟"之美誉，以原始的自然景观和良好的生态环境，展示着自然、淳朴之美，现已更名为九龙山。

江南名城 —— 句容

句容是江苏省镇江市代管的县级市，地处苏南，东连镇江，西接南京，是南京的东南门户，是南京都市圈成员县级城市，素有"南京新东郊、金陵御花园"之美誉，是长江三角洲一座集港口、工业、商贸、旅游为一体的新兴城市。

明弘治《句容县志》、民国《今县释名》均记载：县内有勾曲山（即茅山），山形似"已"，勾曲而有所容，故名勾容，又名句曲。古代句勾二字相通，因此逐渐写成句容。

句容于西汉元朔元年（公元前128年）置县，迄今已有两千余年的历史，是江苏省最早建县的十三个文明古县之一，历史上长期为南京下辖县。1995年4月经国务院批准撤县设市，成为国务院最早公布的对外开放地区之一。

句容是全国文明城市、中国百强县（市）、中国优秀旅游城市、国家级生态示范区、全国科技工作先进市、国家卫生城市、国家环保模范城市、中国草莓之乡、全国文化先进县（市）。境内气候温和，山水秀丽，人文荟萃，古迹众多，有道家"第一福地、第八洞天"——茅山，"律宗第一名山"——宝华山，江苏"九寨沟"——九龙山。

句容山明水秀，是中国优秀旅游城市。市区东南坐落着著名的道教圣地茅山，素有道家"第一福地、第八洞天"之称，在东南亚地区享有盛名，为江南历史名胜，江苏省甲级风景区，国家5A级风景名胜区。市区西北有我国佛教"律宗第一名山"宝华山。其"林麓之美、峰峦之秀、洞壑之深、烟霞之胜"被视为四大奇景。江苏九寨沟瓦屋山、南朝辟邪石刻、赤山湖国家级湿地公园（旅游度假区）、边城等旅游景区闻名遐迩。

句容，一座风韵独特、独一无二的小城，她拥有悠久的历史文化底蕴，却又有着海纳百川的包容性。句容的美，在那青烟缭绕的茅山、在那香火鼎盛的宝华山、在那碧波千里的赤山湖，还有那美丽的岩藤农场、浪漫的芝樱小镇、惊艳的伏热花海……

那山那水那仙境，如梦如幻如诗画。山情水韵，人杰地灵的句容欢迎您！

一街九景藏春秋

句容原本是个小巧玲珑的古邑，从西汉元朔元年（公元128年）置县至今已有2000多年的历史。

句容古邑历史悠久，历史文化丰富多彩，文明璀璨。更为神奇绝妙的是一街九景藏春秋，仅仅在一条千米的街上就有九处颇具规模的著名历史文化遗迹，这是一个奇迹。

这条一街九景的街道就是义台街，沿街分布着状元楼、怀冰雪、四牌楼、义台祠、千柏廊、坐月楼、九思台、敦厚堂和义台文化广场，是谓"一街九景藏春秋"。

义台街的这些古老建筑，底蕴深厚，意涵丰富。它丰富多彩的历史内涵，传承于世，流传至今而成了句容市的历史名片、城市的记忆。

在唐代，句容出了一个大孝子张常洧，在南门结庐为他父亲守墓三十六载的义举惊动了，也感动了唐德宗，唐德宗便委派了宰相李泌亲赴句容嘉奖张常洧，并册封他为孝子，建造了义台忠孝祠和坐月台，即后来的义台祠和供给文人墨客饮酒赏月、谈今论古、吟诗作赋的坐月楼，以彰显张常洧的忠孝道义，标榜传承中华德孝文化。

状元楼就是义台街的一处古老著名的人文景观遗迹，它始建于明代，嘉靖二十六年（1547年），李春芳廷试第一，中了头名状元，隆庆二年（1568年）任首辅，一品礼部尚书，被称为状元宰相。李春芳曾在句容崇明寺读过书，李春芳怀念童年读书的故地，不忘旧情，当了礼部尚书后，他真的驱马来到句容崇明寺赠了玉带，题了诗。寺僧为纪念一品状元宰相李春芳而修建了玉带楼，后来就叫作状元楼，成了义台街一道亮丽的风景。

怀冰雪是礼部尚书李春芳于明代1595年修建，到了万历年间又扩建，后来得到了康熙皇帝的赏识，便御赐了三字堂，名曰"怀冰雪"。

四牌楼是义台街的又一名胜古迹，是为表彰举人和进士而建。乡里出了两个举人，就建造了登科坊和飞腾坊；1466年戴仁考中进士，1478年曹澜考中进士，为他们建了进士坊，就因为他们四人的登科坊、飞腾坊和进士坊，就叫作四桂坊，到了明末清初改为四牌楼。雄伟壮丽的四牌楼为句容历史文化名街义台街，为句容历史文化名城又增添了浓墨重彩的一笔！

张常洧守墓三十六载，手植奇树千余木，李泌宣策褒美，特建义台，"古义台明伦堂前古柏参天"。这就是说明伦堂前有张常洧手植的奇树千余木，就是千柏廊。千柏廊同义台祠和明伦堂共同构成了义台街雄伟壮丽的建筑群，营造了神秘莫测的景观气势。

九思台和敦厚堂都彰显了爱国爱民、廉洁奉公的精神品质。九思台与四牌楼隔街相望，也是义台街的一处人文景观。明代句容有一个爱民如子的县令叫徐九思，深受人们的爱戴，是出名的"青菜县令"，因而以他的名字九思命名为"九思台"，以表示对徐九思的敬仰和对徐九思清廉爱民的精神品质的推崇点赞。朱静庵忠烈爱国、实业救国、教育兴国的精神，感动了孙中山先生，孙中山先生为朱氏祠题词"敦厚堂"三个遒劲的大字，饱含深情地赞扬其一门英烈"敦厚爱国"的高尚品格。

来"一街九景藏春秋"的义台街这条历史文化名街游览观光，别忘了到义台街文化广场走走看看，慢慢游览，细心观赏品味，对于义台街的起源，千年名街的历史演变；对于各种历史古迹建筑的样式风格及其传奇的传说；对于大孝子张常洧的孝义之举，中华德孝文化的传承；对于千年古城句容，千年名街义台街的九景文化遗迹；对于句容的历史文化，一定会有更深刻的了解和认识。

义台街这一街九景的名街，突显了句容历史悠久、文明璀璨的历史文化！

句容茅山欢迎你

句容地处苏南，东连镇江，西接南京，是南京的东南门户。句容以山取名。明弘治《句容县志》、民国《今县释名》均注明：县内有勾曲山（即茅山），山形似"已"，勾曲而有所容，故名勾容，又名句曲。古代句勾二字相通，因此逐渐写成句容。

句容于西汉元朔元年（公元前 128 年）置县，迄今已有两千余年的历史，是江苏省最早建县的十三个文明古县之一，历史上长期为南京下辖县。1995 年 4 月经国务院批准撤县设市，成为国务院最早公布的对外开放地区之一。

句容山明水秀，是中国优秀旅游城市。市区东南坐落着著名的道教圣地茅山，素有道家"第一福地、第八洞天"之称，在东南亚地区享有盛名，为江南历史名胜，江苏省甲级风景区，国家 AAAAA 级风景名胜区。茅山道院为全国首批对外开放的 21 处重点道观之一。山中风景秀丽、景点众多，有九峰、十八泉、二十六洞、二十八池之胜景，其中老子掌中蜂窝天成，被称为"茅山一怪"，纪念碑下放鞭炮响军号成为世界一绝。

来句容一定要去茅山看看，这是热情好客的句容人的建议。

茅山地处江苏省句容市东南 26 公里处，地理位置优越，交通四通八达，有沪宁高速公路、宁杭国道、常溧公路、句茅旅游专线，交通便利。

茅山风景优美，自然资源丰富。相传汉元帝初元五年（公元前 44 年），陕西咸阳茅氏三兄弟来茅山采药炼丹，济世救民，被称为茅山道教之祖茅山师，后齐梁隐士陶弘景在茅山创立了上清道（俗称茅山派），唐宋以来，茅山一直被列为道教之"第一福地，第八洞天"，曾引来诸多文人墨客留下诗篇。抗日战争时期，陈毅元帅等革命先辈在此与敌开展游击战，使之成为我国著名的六大山地抗日根据地之一。茅山有"山美、道圣、洞奇"之特色，区内主要景点有茅山道院、九霄万福宫、印宫、乾元观、华阳洞、金牛洞、新四军纪念馆等。

唐宋年代茅山道教达到了鼎盛，前山后岭，峰巅峪间，宫、观、殿、宇等各种大小道教建筑多达三百余座、五千余间，道士数千人，有"三宫、五观、七十二茅庵"之说。太平天国战争、抗日战争以及"文化大革命"对茅山道院的毁坏较为严重。茅山道院于 20 世纪 70 年代末开始修复，1982 年被国务院批准为首批对外开放的重点宫观。俗话说："要好运，到福地洞天 —— 茅山。"九霄万福宫（顶宫）作为茅山道文化的重要场所，一直以来都是游人朝山敬香必达到处。

茅山亦是神圣的革命圣地。茅山山区地势险要，1937 年 12 月初，日军侵占了茅山，烧杀抢掠，残暴蹂躏，民无宁日。1938

年6月，陈毅、粟裕、张鼎丞率领国民革命军陆军新编第四军第一、二支队和先遣支队进入茅山地区，广泛发动群众，开展抗日游击战，创建敌后抗日根据地，成为全国六大山地抗日根据地之一。

茅山的红色之旅，已成为机关、学校、部队、企事业单位、党团组织进行爱国主义、革命传统教育的首选地。

茅山是环境优美的风景胜地，茅山自然风光清新秀美，山区地形独特，枝繁叶茂，景色迷人，自古就有九峰、十九泉、二十六洞、二十八池之美景。这里的山不高却秀雅，这里的水不深却澄清。

春游茅山，山林滴翠，草木芬芳。满世界的嫩黄衬托这一处绿山，满山间的野花给了这山林一路的狂想。薄雾轻如纱，夕阳宛如画。夏游茅山，绿树成荫，葱茏一片。你可以在绿树掩映下的九曲十八弯上挥汗如雨，欲与大山试比高；你也可以朝观日出，暮赏彩云。雨后初晴，但见一丝薄云在深谷幽林间缭绕，此时山上的树木闪烁着犹如水晶般晶莹的绿。秋游茅山，天高云淡，色彩斑斓。林间飘落一地的枫叶定会引起你无限的遐想，看芦苇花在风中摇曳着轻盈，听喜客泉水叮咚畅响，感受生命在不经意的平淡中轮回。冬游茅山，银装素裹，雾凇飘情。抑或暖阳普照，满山林充斥着蓄势待发的理想。万籁俱寂中聆听那道家仙乐，大有"花飞佛地三千里，人在瑶池十二层"之感！

不管春夏秋冬等不同的时节，句容茅山都欢迎各位游客的到来！

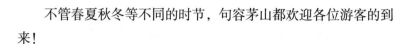

养生仙境　福地茅山

茅山，不仅以九峰、十八泉、二十六洞、二十八池以及星罗棋布的奇岩怪石等秀丽的自然风景闻名，而且以源远流长的道教文化和众星拱月的宫观庙宇成为中国道教圣地，茅山的闻名还与军事、革命紧密相连，三国时的吴国孙权曾将茅山作为重要的练兵场所之一，在此操练兵卒打天下。而七七卢沟桥事变后，日军大举入侵中国，在风雨如磐的1938年6月，陈毅和粟裕等率领新四军第一、二支队挺进茅山，开展抗日斗争，开辟茅山抗日革命根据地，打击日本侵略者，为中国革命谱写了新的篇章。后来，毛泽东主席还把茅山列为全国六大抗日根据地之一。

说起茅山，不得不说一个古人学雷锋的故事，这有点像当今我们为了向某一个先进人物学习，而将他的名字来命名某个景观、某个道路一样。那还是在西汉时代，在三秦大地的陕西咸阳南关一带，有一户人家生有三兄弟，名字叫茅盈、茅固、茅衷，三人的名字也很有意思，一个是盈利的盈，一个是坚固的固，一个是衷心爱戴的衷；三兄弟平时爱好医书，还和我们一样，喜欢旅游，观光大好河山。有一年的夏天，三兄弟听邻村的人说，江东有一个弯曲如"已"字的句曲山中，环境清幽，林泉秀美，风光无限，景色无穷，美不胜收，这里可以晨观日出，晚赏夕阳，夜闻松涛；还可以春听鸟鸣，夏浴清风，秋览红叶，冬观瑞雪，其云海、雾都让人飘飘欲仙。三兄弟闻之动了心思，于是告别父母过江隐居在茅山的三座主峰上，自己动手，创建了茅庵，日出而作，日落而息，潜心修道，采集山中草药，为民治病，济世救人，在方圆数十公里内声名远扬。后来终于功德圆满，得道升仙，普通百姓对其感恩戴德，称其为"三茅真君"，黎民百姓为感谢他们生前的恩泽，永表怀念之情，于是将句曲山改名为"三茅山"，后来，也就成了如今简称的茅山，所以，古代的好人和今天的好人一样，都会得到好报。也难怪好人一生平安的歌声能流行大江南北，包括我们今天的各位游客，都是茅山的客人，天下的好人。在此，我也祝愿我们每一位游客朋友，一路旅行平安，一生一世平安。

好了，刚才介绍了茅山的由来及背景，我们再来看茅山风景区的自然风景及其特色。

古人说，登山则情满于山，观海则意溢于海。那么，我们的游客朋友百里迢迢、千里迢迢乃至万里迢迢到茅山来，我们究竟寄托了哪些情意呢，恐怕不外乎仙风道骨、奇峰异景和天然氧吧这三大收获吧。茅山的九大峰，除了大茅、二茅、三茅峰外，还有积金峰、叠玉峰、白云峰、五云峰、华盖峰、郁冈峰，光这些名字足够我们细细思量了，倘若喜欢舞文弄墨的，好好地记述下来，就是一篇不错的抒情游记。履痕处处，萍踪寄语，还是蛮有诗情画意的。这里的"大峰小峰联中峰，当天削出青芙蓉"的九峰叠翠胜景，气势磅礴，神圣至极。十八泉有喜客泉、桃花泉、

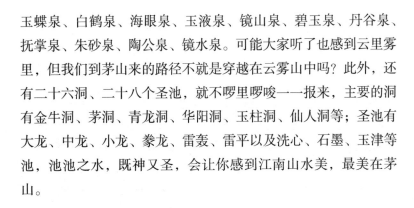

玉蝶泉、白鹤泉、海眼泉、玉液泉、镜山泉、碧玉泉、丹谷泉、抚掌泉、朱砂泉、陶公泉、镜水泉。可能大家听了也感到云里雾里，但我们到茅山来的路径不就是穿越在云雾山中吗？此外，还有二十六洞、二十八个圣池，就不啰里啰唆一一报来，主要的洞有金牛洞、茅洞、青龙洞、华阳洞、玉柱洞、仙人洞等；圣池有大龙、中龙、小龙、夔龙、雷轰、雷平以及洗心、石墨、玉津等池，池池之水，既神又圣，会让你感到江南山水美，最美在茅山。

茅山的美还不仅仅止于山峰、岩石、池水和洞穴，茅山还有品种丰富的中草药。明代著名药物学家李时珍曾经到过茅山，并攀上山峰，实地考察采集中草药，与茅山有关的药物品种有近400种被他写进了著名的《本草纲目》之中。除了李时珍，还有他数百年后的同宗家族、著名的地质学家李四光，也在20世纪的30年代初到过茅山，进行地质勘查，将茅山作为一处标准地点载入了中国地质史册。而茅山地处江南，花草树木自然繁花似锦，以茅山青峰为知名品牌的茅山绿茶更是享誉天下，畅销全国，入杯冲泡，色如晶莹碧玉，酽味苦甜适度，气味清香宜人，与其他地方名茶不同的是，茅山青峰茶别有一番道家风味，让你感受到一种仙风道骨的味道。

茅山，有一种茅山精神，而茅山精神的体现就是茅山的主峰——大茅峰，茅山风景名胜区内的最高峰。大茅峰集茅山福地精华于一体，它是江南锦绣大地上的一条巨龙之首，龙头之上有一颗金碧辉煌、光彩夺目的宝珠——九霄万福宫。九霄万福宫又称顶宫、万福宫、九霄宫，取其壮志凌云、直冲九霄之意。这九霄宫坐北面南，东西对称，整个建筑依山借势，结构紧凑，布局合理。大家先看到的是"茅山道院"四个黄色大字，也就直截了当地告诉你，这里是道教文化的重地。站在这里，极目远眺，云雾缥缥缈缈，苍峰隐隐现现，宛若东海蓬莱仙山，如入太虚仙境之感。走上石阶，步入灵官殿，正中神台之上供奉的是道教护法神王灵官塑像，他脚踏风光轮，身披金盔甲，右手执着九节神鞭，左手掐着灵官诀，镇守宫门，青龙、白虎、朱雀、玄武四方之神，分列左右，威风凛凛，气势不凡，要是心术不正、心存贪欲之人见到这场面，恐怕也心里直抖了。

看过藏经楼和"天地"，我们马上会看到九霄宫内的主体建筑——太元宝殿。这是宫内道士早晚诵经及平时举行各种道教活动的地方。正中神台之上的三茅真君紫缎披肩，中间那正襟危坐、怀抱如意的是三茅中的老大茅盈，手执玉圭，拱坐两侧的是茅固和茅衷；两侧神台上供奉的是马善、温良、赵公、岳飞四大元帅，他们手持法器，威立镇守。赵公元帅和岳飞元帅大家都认识他们，何来温良和马善元帅呢？原来，道教供奉的马、温、赵、岳四大元帅中，仅有温琼元帅或感灵瘟元帅之说，而无温良元帅之载，这是一种误传。温琼元帅相传是浙江温州人，其母亲因夜梦"火精"降神于腹，怀孕后生下温琼，他自小聪明之致，14岁时通晓三教百家之言，26岁时未考上进士，于是抚桌叹息道：生不能致君泽民，死当为泰山神，以除天下恶吏。后来变化为青面赤发之神，东岳大帝闻其勇猛，召为祐岳神将，后被玉皇大帝封为"亢金大神"，他被列为东岳十大太保之一，故有"温太保"之称。我国民间常在打醮请神时念其神名，以降妖伏魔，祈福纳寿。而那三只眼睛的马善元帅，称为"三眼灵光"，生性好打不平，曾杀了东海龙王，后又盗走了紫微大帝的金枪而被杀。寄灵于火魔王公主为儿，出生后左手有一灵字，他的经历实在不凡，他曾受玉皇大帝指派掌管南天之事，皇上赐了琼花宴，席宴上因金龙太子闹事，他便火烧南天门，大败天兵天将，又下海闹龙宫，因寡不敌众，假装死去。又脱生投胎于鬼子母，出世后为救母亲，入过地狱，步过灵台，战过哪吒，斗过悟空，玉皇大帝念其勇猛，封为真武大帝部将，道教将其尊为护法天神之一。

太元宝殿后门这座高2米、9米见方的平台，台上书有"三天门"之字的石坊，相传是大茅真君茅盈登仙飞升之地。飞升台后是二圣殿，所谓二圣，是指三茅真君之父母的贴金塑像。两扇殿门之上有一幅巨型黑白太极图，左侧白为阳，右侧黑为阴，白中有黑、黑中有白，门一合就是阴阳相抱，形成了圆形太极图，门一开阴阳分离变为两条阴阳鱼。此图寓意深刻，富含哲理，众游客不妨细细揣摩，也许当你离开茅山后，才会品出其中真正的寓意来。

茅山的灵气

早就听说江苏句容茅山是一方有灵气的福地，作为道家上清派的发源地，距今已有两千多年的历史，此地香火极旺，远道而来的信徒香客众多且虔诚。茅山，名句曲山，亦名冈山、地肺山，主峰大茅峰高 372.5 米。据《茅山志》记载，西汉时陕西咸阳南关茅盈、茅固、茅衷兄弟三人慕名先后入江东句曲山隐居，分别于句曲山大茅峰、中茅峰、小茅峰三峰之上，创建茅庵，潜心修道，采药炼丹，救人济世，后均功德圆满，先后得道升仙，号称"三茅真君"。远近黎民百姓为感生前之恩，永表怀念之情，遂将句曲山改名三茅山。《三茅歌》曰："茅山连金陵，江湖据下流"，所以又称茅山。

江苏句容地处丘陵，生态禀赋优越，林业资源丰富。茅山是江苏省境内主要山脉之一，既是道教圣地、旅游胜地，又是著名的抗日根据地，其自然景观、人文景观尤其是森林景观、革命历史景观浑然融为一体，为国家 5A 级旅游区、江苏省级风景名胜区。句容市位于江苏省镇江市西南部，古书称其"秦汉神仙府，梁唐宰相家"，风景绝佳之外，宗教文化积存亦甚为深厚。自古佛道相望，茅山为道教圣地，宝华山乃律宗名山。茅山不只是道士们的修仙之所，也是历代江南文士们的养真之处。句容地处长江之阳,境内多丘陵岗坡,树木葱茏,湖泊密布。茅山卧居其中,恰似一条长龙,呈欲飞之势。山顶九霄万福宫的对联"一壶天地开仙境,百里风烟入画屏",是对此山风光最恰当的描述。如此仙境,引无数仙客修炼隐居。展上公在此食白李而飞升,李明在此服丹成仙。

茅山赋

　　峭峰雄殿矗九重，贤人良相隐福地。一尊老子示慈宁，三峰相视书传奇。辰星夜火闻钟鼓，洞奇泉醇石头异。军号声声忆英烈，夕阳匆匆归人迟。

全景游茅山

　　茅山风景区位于迄今已有 2000 余年历史的句容市，其实句容名字的由来与茅山有关，《句容志》书上曾记载：县内有勾曲山，即茅山，山形似"已"，勾曲而有容，故名勾容。在古代句勾二字相通，因此逐渐写成句容。茅山自古就有"九峰、十八泉、二十六洞、二十八池"之美景，在道家有"第八洞天，第一福地"的美称，在整个东南亚地区都享有盛名。除此之外，茅山的"三怪"也闻名中外，"蜂窝当作戒指戴，客来泉喜冒得快，纪念碑的鞭炮响出军号来"，充满着神奇之谜。茅山是中国著名的道教圣地、全国十大道教名山之一、全国六大山地抗日根据地之一、全国爱国主义教育示范基地等。从这么多荣誉称号中可以看出茅山既是道教圣地，也是红色革命圣地，也是养生圣地。

　　我左手边是茅山景区导览图，上面有九霄万福宫、元符万宁宫、崇禧万寿宫、喜客泉、苏南抗战胜利纪念碑等。导览图中红色实线部分是盘山公路，虚线部分是林间步行小道，由于时间原因，我们今天主要游玩四个景点。首先我们将去今天的第一站——九霄万福宫，因为坐落在茅山主峰大毛峰之巅，所以也被称之为顶宫。接着游玩的第二个景点元符万宁宫，由于当年宋徽宗赐给茅山的玉印就存放在那里，所以也被称为"印宫"，世界上最高的一尊露天老子神像就位于印宫。第三个景点则是"福地神泉——喜客泉",在那里我们可以见识到"客来泉喜冒得怪"的神奇现象。最后一站我们将去"世界一绝"的纪念碑,在那里各位朋友可以亲身领略到"碑下放鞭炮,空中响军号"的天然奇观。现在大家就随我检票入园,开始我们今天的茅山之旅吧!

各位游客朋友们,我们人都已到齐,现在我们就坐景交车进入景区游览。我们茅山原名叫地肺山、勾曲山,西汉时期茅氏三兄弟茅盈、茅顾、茅衷在这边修炼,经常上山采药,为百姓做了许多善事,三人得道升仙之后,百姓为了纪念他们的功德,于是就将句曲山改名为三茅山,简称茅山。我们景交车现在所行驶的路叫万福路,很多游客朋友来到茅山都希望沾点福气带回家,所以这条万福路也寓意着大家来茅山能够福寿康宁。各位朋友看到万福路两旁种植的是什么树了吗?有朋友说对了,是银杏树。银杏树又叫作白果树、公孙树,之所以叫公孙树,是因为爷爷那一辈种下的树到孙子这一辈才可以吃到果实。民间有句俗语叫作"桃三李四杏五年,无儿不种白果园",所以银杏树有子嗣绵延、健康长寿的寓意。在这里也祝愿大家幸福吉祥,健康如意。在我们左手边的是新四军纪念馆,1938年,陈毅、粟裕等同志率领新四军东进抗日,创建了以茅山为中心的苏南抗日根据地。为了缅怀老一辈无产阶级革命家的丰功伟绩,也为了教育后人,经江苏省委批准,1985年建成了茅山新四军纪念馆。整个展馆包括基本陈列馆、将帅馆、英帅馆、新四军廉政教育馆。纪念馆现在是"全国重点纪念馆""全国爱国主义教育示范基地"。在我们左前方拐角处是苏南抗战胜利纪念碑，为了纪念在苏南抗战中牺牲的 7000 名英烈，在 1995 年纪念抗战胜利 50 周年之际，由中共镇江市委、市政府在望母山山顶兴建了苏南抗战胜利纪念碑。茅山三怪之一的"鞭炮响出军号来"就是出自这里。每当在纪念碑前燃放鞭炮，空中都会响起一阵清晰的军号声，非常神奇。2006年，纪念碑以单次脉冲声激发音符最多的建筑成功申报了上海大世界吉尼斯纪录，我们茅山之行的最后一站将会到纪念碑脚下见证这一奇观。在我们前方就是景区的牌坊了，它是景区的主入口。上面的"茅山"二字是唐代书法家颜真卿的真迹。牌坊的历史源远流长，在周朝时就已经存在。牌坊是古代官方的称呼，老百姓平日里称其为牌楼。在我们道教中，牌坊就相当于一道分水岭，没进入牌坊之前是在现实生活中，进入牌坊之后就仿佛进入仙境一般，为什么这样说，大家进入景区后就可以体验到了。

我们景交车现在所行驶的这条路为盘山公路，总长度约为4.5 公里，是开国元勋许世友将军亲自督建的。大家可以看向右侧，有条"非常道"，名称取自于《道德经》中的"道可道，非常道"。非常道全长 1.6 公里，古时候没有这条盘山公路时，人们朝山进香都是走这条非常道，修建山顶宫观时所用的建筑材料也都是从这条非常道运上去的。

我们前方大家看到的是"东进水库"。当年新四军东进苏南，人们为了纪念新四军，便把这个水库起名为"东进水库"，在茅山可以听到很多以东进命名的地方，比如东进林场，1960 年为纪念新四军东进，成立了东进林场总部，1964 年与茅山林场合并，起名为东进林场。在大茅峰的西坡，还有陈毅元帅题词的"东进林"三个大字。不知道大家在进入景区后有没有感觉到心旷神怡，茅山景区森林覆盖率达到91.6%，空气非常清晰，负氧离子浓度也很高，最高时达到每立方一万个，负氧离子俗称空气维生素。大家对负氧离子可能比较陌生，在生活中，尤其是在夏天长时间吹空调会感觉到胸闷、头晕、乏力，也就是"空调综合征"，空调综合征就是由于空气中的负氧离子经过空调净化处理和漫长的通风管道后几乎消失，人们在缺少这种负氧离子的情况下会感觉到头晕和胸闷。所以大家来到茅山景区，不妨多呼吸下茅山的新鲜空气，纯净的空气也是养生必不可少的一方面。

之前我跟大家说茅山的森林覆盖率达到91.6%，在这种树木多的山中一般都会盛产中草药。大家知道茅山不仅是红色革命圣地、道教圣地，也是养生仙境。茅山这块养生福地，不但有着宜人的环境、纯净的空气，同时也蕴藏着丰富多样的中草药。明代李时珍曾在茅山采集草药，写进《本草纲目》的茅山药材就达到了380多种，最为著名的就是茅苍术和太保黄精。在道教神仙故事里，许多神仙都是通过服食黄精脱胎换骨走上长生之路的。相传唐朝时唐玄宗因为日理万机，操劳过度，脾胃虚弱，吃不下饭。宫内的御医都束手无策，之后茅山道士李玄静向唐玄宗进贡茅山黄精，几天后唐玄宗饮食大增，气色也有了好转。服用了半年时间，身上疾病全无，唐玄宗龙颜大悦，封李玄静为太保官衔，所以后人称茅山的黄精为"太保黄精"。除了"太保黄精"，《本草纲目》中的茅苍术也是非常有名的，茅苍术主要分布在江苏、湖北、河南这些省份，它适合生长在丘陵地区。茅山的茅苍术闻名遐迩，它具有浓郁的香气，体重质坚、肉厚味甘，陶弘景曾赞叹茅苍术是"味重金浆，芳逾玉液"。它对风寒感冒、脾胃不和都有非常好的治疗作用，此外它还能祛风辟秽，一些传统的山民一旦有个头疼脑热，就习惯熏些"苍术"辟辟邪气。平日里山民还会习惯熏"苍术"，就是用苍术消毒空气，天然的"苍术"被扎成小小的一束，熏以烟火，既能驱赶蚊虫，又令人神清气爽。尤其到了端午和岁旦时节，人们用它烟熏消毒已成风俗。大家在没来茅山之前就听说过"北有人参，南有葛根"，我们茅山的葛根堪比于人参，不过葛根在茅山的价格并没有人参那么贵，很多当地人到了春天会上山挖葛根，回家泡水常年服用。葛根的由来与著名的医药学家、炼丹家葛洪有密切的关系。相传东晋的时候，葛洪带领弟子仁山和乐水来到茅山潜心修炼，在炼丹炉炼丹时，因终日烟熏火燎，空气中弥漫着刺鼻的有害气体，两个弟子因修行不深，时间一长就出现了口臭牙疼、大便秘结、身上红疹等症状，葛洪是看在眼里，疼在心头，葛洪试了许多草药，但效果都不理想，一天夜里，葛洪梦见三清教祖，向他指点："此山漫山遍野长有一种青藤，可榨出白汁，既可清热解毒，也可消疹，你不妨寻来一试。"第二天，葛洪就按教祖指点的方向一路寻找青藤，在一山坡找到，于是将其背回抱扑峰，回山后，将青藤的根榨出白汁，煮熟了之后端给两个弟子喝，喝下后两个弟子便感觉燥热的身体逐渐平静下来，没几天，两个弟子的病就全好了。青藤能解毒治病的消息一传十，十传百。而当时，人们还不知道这种青藤叫什么名字，只知道是葛洪发现，于是就将这青藤取名为"葛"，而青藤的根块则被称之为"葛根"。如今葛根经过传统工艺加工成葛根茶，是酒桌上必备的解酒茶，它能将酒精排出体外，达到醒酒护肝、健胃、养生的目的。我们茅山流传这样一句话：吃葛根粉，喝葛根茶。健康长寿笑哈哈！游客们来茅山游玩一趟，总得带些葛根走！说到这，很多朋友说茅山除了黄精、茅苍术、葛根这些中草药，还有哪些也是特有的，在别的地方是游客见识不到的？大家还记得电影中有道士拿着符降妖镇魔吗？我们茅山是全国三大符箓名山之一，茅山的符箓如今已成功申报了世界非物质文化遗产。符箓在道教中也被称为"符字""丹书"，它是道教里面的一种法术，可以降妖镇魔，治病除灾。道士们把一些道教咒律以图画的形式表现在黄色宣纸上。画符箓的过程是非常讲究的，会按照点香、敬拜、默念仙诀，然后落笔，一气呵成来完成一道符箓。在顶宫大家可以看到"钟馗符""和合符""魁星符"等，待会我会给大家详细介绍。

我们景交车已经到达九霄万福宫，在九霄万福宫检票口右边有条缆车索道，它通往的是金坛那儿，我们千万不要坐缆车下山，否则就脱离团队了。在游览过程中呢，要时刻跟着我，我会给大家详细介绍我们茅山的道教文化、红色文化以及养生文化。在游览之后我也会给大家留些自由活动的时间。我们待车辆停稳后再下车，请带好自己的随身物品。

游客朋友，我们即将游览的景点叫九霄万福宫，因宫殿坐落于茅山主峰之巅，故又称顶宫。九霄万福宫始建于西汉，距今已有两千多年的历史。元代延祐三年（1316年），敕建赐额圣祐观，专祀大茅真君茅盈；明代万历二十六年（1598年），敕建殿宇，赐名九霄万福宫。九霄万福宫先后历经三次大的劫难，分别是太平天国时期、抗战时期和"文革"时期。尤其在抗日战争时期遭到了严重的战火破坏，由于九霄万福宫是茅山的制高点，日寇就在此设立据点。1938年，新四军一、二支队挺进茅山地区后，把茅山作为抗日根据地活动的中心，而日本人在九霄宫的据点威胁到根据地的发展。因此，新四军希望利用日寇换防的机会设伏打击敌人，铲除鬼子据点，消除心腹之患。但茅山地势险要，新四军经过多次激战，都没有成功铲除九霄宫据点。1938年10月6日，元符宫、乾元观惨案相继发生，使茅山道士们看到了鬼子的残暴，也看清了日寇据点对根据地的危害。在此情形下，茅山道士不仅暗地里向新四军提供情报，而且积极配合新四军行动，协助新四军铲除九霄宫据点。1943年10月27日，九霄宫道士李浩岐得到鬼子第二天要换防的消息后，将情报传递给新四军。新四军收到情报后，在茅山半山腰设伏鬼子，成功除掉了鬼子据点。

我们现在所看到的九霄宫建筑群，基本是1981年后重新修复的。修复后的九霄宫红墙紫绕，坐北朝南，东西对称，整个建筑依山借势，结构严谨，布局合理，自南至北层层而上，气势恢宏。现宫内有灵官、宗师、太元、二圣、慈航、元君、太岁、财神八殿堂；迎旭、道膳坊、养生堂、黄鹤常临四道院。有道士30余人。

大家抬头看一下我的右手边上面写着"道膳房"，现在人们都提倡食素及清净、淡泊的生活方式，这里有一整套道家养生菜品，里面既有仿荤的素菜，又用道教传统配方调制的药膳，既养生又可口，是非常有特色的餐饮。

您现在看到的这座建筑，是茅山道院东山门，是新中国成立之后许世友将军开山凿路之后才有的。门额东侧隶书"茅山道院"四个字，是茅山道院九霄道人余志成所书，门的西侧正额隶书"紫气新辉"四字，寓意茅山道院虽历经沧桑，几起几落，而今凤凰涅槃，重发新光之意思。左右侧门分别写着"出玄""入牝"，玄为阳，牝为阴。《玄牝》出自老子的《道德经》第六章，"谷神不死，是谓玄牝，玄牝之门，是谓天地根"，"玄牝之门"就是说道生万物、万物由道而生。

在我们正前方这个建筑是西山门，这个门才是顶宫真正的大门，古时候所有的建筑材料都是由非常道从西山门运至山顶的。大家仔细看一下这个门，它有个特征，就是外门顶是圆的，内门顶是方的，这一方一圆也是有说法的。宫观为圆，居家为方，说明我们茅山道士是可以成家立室的。大家想一下我们古时候的铜钱外面也是圆的里面是方的，这在告诉我们做任何事情都要有规矩，没有规矩不成方圆，劝诫人们为人处事要遵守规矩，外表圆通豁达，内心需要固守准则。

我们眼前的这座宫殿是九霄万福宫的第一进殿堂，叫灵官殿，也是九霄万福宫的大门。大家请看，此殿为硬山式建筑，屋顶的正脊两侧有鸱吻护脊，正中立一黄色葫芦，寓意"上接天水，下保平安"。在道教中是以黄色为尊、为贵，而葫芦的谐音是"福禄"，在屋顶上立一黄色葫芦，正好印证着道家追求的最高境界"长生"。

我们再看，殿门额镶嵌"敕赐九霄万福宫"的七个石刻大字，此是明神宗朱翊钧于万历二十六年（1598 年）所赐。其中"敕"字，是帝王诏书、命令的意思。道教活动场所主要称谓有宫、观、庙，还有院、殿、祠、堂、坛、馆、庵、阁、洞、府等。旧时，这些称谓的使用，均有严格的等级限制。在秦之前，这些称谓使用限制相对宽松，而秦之后，宫则专指皇帝的住所，非经皇帝赐名，不可私用。这里我们看到的这座万福宫，以及山下的万宁宫、万寿宫均由皇帝赐名，也说明这三宫为皇家道院。

在殿门两侧墙壁之上分别书以"道炁长存万寿无疆"八个砖刻大字，字体苍劲有力，字大如斗。此八个字当中，"道"字后面一个字可能大家不认识，其实就是空气的"气"。"炁"是道家关于气的一种特殊写法，这里暗喻人的原始之气、先天之气。道士们修行就必须保持自己的原始之气、先天之气，正所谓"气聚成形、气散形消"。

我们再看，灵官殿西侧红墙上书"上清宗坛"四个隶书大字。道教前身是五斗米道，经过长期的发展，形成了诸多流派。到唐宋时期，我国道教也发展到了鼎盛时期，并形成天师派、上清派、灵宝派三足鼎立的格局。因茅山是道教上清派的发源地，故此称为"上清宗坛"。

我们现在来到的是灵官殿，殿内正中神台之上供奉的是道教护法神王灵官。王灵官原名王恶，而其凶恶的本性与他的名字十分相符，后经过萨真人感化，王恶摒除了内心的恶欲，从此改恶迁善，而后改名为王善。玉皇大帝赐名"玉枢火符天将"，相当于佛教中韦陀的位置。王灵官塑像身披金盔金甲，脚踏风火轮，右手执九节神鞭，左手掐灵官诀，赤面三目，怒目而视，威风不同寻常，镇守宫门。相传王灵官的第三只眼睛是玉皇大帝所赐，称作"善眼"，能够识别人间的善恶美丑。请看神像的两侧有一副对联："三眼能识天下事，一鞭惊醒世间人；灵则无私扶合镜，官能正直佑斯民。"这副对联上联是对王灵官的真实写照，下联告诫人们做人要做好人，做官要做廉洁的官。

在王灵官塑像两侧供奉的是道教中的四方神"东青龙、西白虎、南朱雀、北玄武"。青龙、白虎、朱雀、玄武是指天上的二十八星宿，每七个一组，形成青龙、白虎、朱雀、玄武四种星象。日常生活中，我们常说的拿"东西"，而不说拿"南北"一词就起源于此。东方色青，属木，代表一切植物，如花草、树木等；西方色白，属金，代表一切金属矿物，如金、银、铜、铁等，所以人们就用东西一词代表一切有形的固态物质。而南、北分别属火、水，是一种没有固定形态的物质，一般不能用手直接拿取。所以人们便把代表"木"和"金"的两个方面联在一起，诞生了"东西"这个词。这也是人们日常生活中只说拿东西（木、金），而不说拿南北（火、水）的缘故。大家可以看一副对联："十万朝山非是别，忤逆子孙休见我；一半进香也有功，孝顺儿女皆为你。"这副对联告诉我们，茅山是一座崇尚"孝道"的道教名山，无论香客来自哪里，凡在家遵循孝道的，以孝为

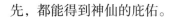

先，都能得到神仙的庇佑。

现在我们看到的这座建筑为藏经阁，过去是保存道经的地方，楼砖木结构，上下两层。现在我们所处的是藏经楼的下层——宗师殿。

宗师殿正中神台之上供奉的即为茅山宗第一代宗师魏华存，魏元君。魏华存是晋朝司徒魏舒之女，得道后被授予紫虚元君上真司命南岳夫人。魏华存元君所传授的《黄庭经》，是上清派的重要宗经。黄为中央之色，庭乃四方之中，这本书蕴含丰富的健康养生知识，是一本医学养生和宗教相融合的名著，也被内丹家奉为内丹修炼的主要经典。

魏华存右侧第一位是我们道教创始人张天师即张道陵，他形象威猛，所持为雌雄剑，专为驱鬼降魔所用。张天师是江苏丰县人，于东汉末年在四川的鹤鸣山创立了道教的前身"五斗米道"，后称天师道。日常生活中，我们常说的一个成语"张冠李戴"就与张天师有关。张道陵在创立道教后，推崇黄老学说，将《道德经》尊为道教的最高经典，并著《老子想尔注》，尊奉老子为教主，从而在认知上使人们误以为道教是由老子所创；又因老子本姓为李，所以人们就用"张冠李戴"，叙说本应属张家的风头，却被李家抢去了，用于比喻搞错了对象。日常生活中我们还听说过"不为五斗米折腰"，这句话出自《晋书陶潜传》中"吾不为五斗米折腰，拳拳事乡里小人邪？"陶渊明说我不能为了县令的五斗米俸禄向小人贿赂献殷勤。

张天师右侧为上清派第二代宗师杨羲，他是句容本地人，魏华存的弟子。杨羲著有《上清真经》，并托神仙口授，制作大量道经秘籍，为上清派流传奠定了坚实的基础。魏华存左侧这尊是葛洪，葛洪是句容人，东晋道教学者、著名炼丹家、医药学家和化学家。葛洪的代表作有《神仙传》《抱朴子》《肘后备急方》等。葛洪第一次记载了天花，比阿拉伯的医生雷撒斯早500年；对狂犬病能采取的预防措施，比法国的巴斯德早1000年。2015年10月，屠呦呦获得诺贝尔生理学或医学奖，以表彰她在疟疾治疗研究中取得的成就，而疟疾治疗的特效药青蒿素提取的灵感就源自葛洪《肘后备急方》的记载。葛洪旁边是茅山宗第九代宗师陶弘景，他是南京人，晚年时在华阳洞隐居。他注重养生，道学深厚。南朝梁武帝请他出山做宰相，但陶弘景一心在茅山潜心修道，并写了首诗给梁武帝："山中何所有，岭上多白云。只可自怡悦，不堪持赠君。"梁武帝明白了他的心意，便不再强求，但每逢朝里有要事，都会书信来往南京和茅山之间，征求陶弘景的意见，所以陶弘景也被人们称为"山中宰相"。

道教财神分文财神、武财神。文财神主要有比干和范蠡。比干是殷纣王的叔父，为人忠耿正直。因真言劝谏，被纣王剖膛挖心。民间传说比干怒视纣王，自己将心摘下，扔于地上，走出王宫，来到民间，广散财宝。他因为没了心，办事公道，无偏无向，所以深受人民爱戴，被尊为文财神。因其公正无私，又被称为"公正财神"。

范蠡是春秋时期越王勾践的重臣，在协助勾践成就霸业后，果断激流勇进，去齐国经商，发了大财而成为巨富。他乐善好施，屡次把财富全分散给朋友和故旧，把金钱看得很淡薄。他聪慧、正直、疏财、仗义，具有神的高尚品格，故被世人所敬重，被奉为财神。因其足智多谋，被称为"智慧财神"。

武财神主要有赵公明和关公。相传在《封神演义》中姜子牙并没有封赵公明为财神，只封赵公明为"正一龙虎玄坛真君"，率领招宝天尊、纳珍天尊、招财使者和利市仙官等，统管人世间一切金银财宝。关公是万能神明，明清被奉为"武圣人"，有"千古忠义第一人"的美誉。商贾们敬仰关公的忠诚和信义，把他拥为商界的守护神，作为财神来供奉，因关公守信重义，故又称"忠义财神"。

太岁殿是指专门供奉太岁的殿堂。在我国民间一直存在着"太岁"信仰，太岁信仰来源于"六十星宿"，起源于我国传统的纪时方式"干支法"。在古代，人们通常使用干支法来纪年、纪月、纪日、纪时。如在干支纪年中，用十个天干"甲乙丙丁戊己庚辛壬癸"与十二个地支"子丑寅卯辰巳午未申酉戌亥"两两循环相搭配，周而复始，从甲子年到癸亥年，恰好有60种组合，每一种组合代表一年，共计60年，俗称"六十甲子"。同时，道家在研究星象时发现，木星每年在天空中出现的区域既相对固定，又有不同，约每12年在同一区域出现一次，也就是说木星公转周期约为12年。故此，道家将木星命名为岁星，并逐渐将其神化，从而形成了太岁神。虽然木星12年一循环，但在干支纪年中，由于天干与地支搭配有60种不同的组合，所以人们又用了 60 种不同的太岁神名称来称呼他们，而太岁也就成了这 60 位太岁神的统称。在"太岁"信仰中，最重要的内容之一就是"避太岁"和"本命神"之说！避太岁的意思是说：值年太岁是当年诸神之首，统领天上人间，掌管人世间一年的吉凶祸福，人们的任何事情都不能冒犯太岁，否则可能给自己带来不好的影响。本命神是指在人出生时，那一年的值年太岁，如丁卯年出生的人，他的本命神就是丁卯太岁，全称"丁卯神仙沈兴大将军"。因值年太岁掌管当年人世间一切吉凶祸福，也就掌管了当年所出生人的一生命运，所以人出生时的值年太岁自然就成了自己的本命神，守护自己一生的吉凶祸福。

今天，大家有幸来到太岁殿，不妨进去找一找自己的本命太岁，拜一拜，感谢本命神对自己一生的守护。不知道我们当中有没有今年冲太岁的属相，今年犯太岁的有四个，分别是属鸡、兔、鼠、狗。属鸡的今年是刑太岁，什么是刑太岁？刑就是刑伤或刑法，今年要注意官司，当心小人，注意自己身边亲人的健康问题。如果家里有喜事的还好点，没有的就要注意了。属兔的今年冲太岁，冲是冲击或冲动的意思，受冲之人必有动向如搬家、搬公司。属鼠今年破太岁，破是破坏，整体运势为奔波劳碌，有突如其来的破坏，破坏钱财、好友关系等，在感情方面要注意烂桃花，不要因此影响自己的事业和人际关系。最后一个属狗的今年害太岁，害就是陷害、危害，今年要当心遭到朋友的陷害，自己身体健康等。有犯太岁的不要着急，符箓即可化解，符箓是天神的文字，是传达天神旨意的符信，用它可以召神驱鬼，降妖镇魔，治病除灾。一会到里面我再给大家详细介绍。

我们即将游览的是茅山道院主殿——太元宝殿。大凡宗教场所都有一些禁忌，为表示对神灵的尊敬，也为了保持大殿的清静，现在我为大家简要介绍一下太元宝殿，入殿后就不再讲解了。太元宝殿是茅山道院最主要的一座宫殿，也是道士早晚诵经及日常举行各种宗教活动的地方。殿内供奉的是茅山宗开山祖师三茅真君，也就是茅盈、茅固、茅衷三兄弟。宋徽宗于崇宁元年（1102年），封大茅君茅盈为"太元妙道真人东岳上卿司命神君"，太元宝殿因此得名。大殿正中神台之上，中间那位紫缎披肩、怀抱如意、正襟危坐的就是大茅君茅盈。老二茅固、老三茅衷手执玉圭，拱手两侧。茅氏三兄弟是陕西咸阳人，西汉年间，茅氏三兄弟千里迢迢来到茅山，在下泊宫创建茅庵，潜心修道，并采集草药，炼制丹药，为当地百姓医治疾病，广结善缘。后来，茅氏三兄弟修道终于功德圆满，得道成仙，当地百姓为纪念他们，就将其供奉于此。大家仔细看，大茅君慈眉善目，没有胡须，比二茅君、三茅君要显得年轻，这是因为大茅君一生始终保持童子之身，且修行的道术有驻颜功效，故而面上无须；而二茅君、三茅君娶妻生子，得道较晚，满脸胡须，反而容貌比哥哥要显得老一些。大茅君茅盈修道的时间非常早，十八岁就入北岳恒山修道，四十九岁离开父母和师父来到茅山修炼。他的两个弟弟原来是官场中人，做到太守的位置，他们在得知大哥得道升仙后，非常羡慕，就辞官来到茅山潜修，最后也修成了正果。二茅君被封为定禄君，三茅君被封为保命君。神台两侧的四尊神像统称"四值功曹"，功曹是古代的一种官名，工作职责是掌管功劳簿，专门负责记录的人，用我们现在的话说，功曹就是秘书或文书一类的工作人员。四值功曹是指值年、值月、值日、值时的四位天神。他们在这里专门帮助茅氏三兄弟，记录天界真神列仙的功劳，向玉皇大帝禀告，并负责呈递人间焚烧上奏给天庭的表文。太元宝殿南侧有一尊钟、一面鼓。大多数宫观、寺庙的钟鼓一般是东边放钟，西边放鼓，所以我们常说"晨钟暮鼓"，表示早上撞钟，而晚上击鼓。但是，在太元宝殿内，钟鼓位置是东鼓西钟，而茅山道士们每天是晨击鼓、暮撞钟。传说嘉靖年间一天，清官海瑞来茅山进香，按当地风俗，茅山菩萨灵不灵，就看能否敬上头炷香。当天，海瑞到茅山时天色已晚，就住在了山脚下。第二天一大早，海瑞登上顶宫准备敬头炷香，但当他进入太元宝殿时，映入眼帘的是菩萨面前早已香烟缭绕，海瑞顿时心中疑惑不解。但为了敬上头炷香，海瑞索性在道院住了下来，期待第二天能够完成心愿。哪知第二天天还没亮，在海瑞赶到大殿时，香炉里却又是香烟缭绕了。海瑞心想，我特地住在道院，清茶素餐，三更未到，就赶到殿堂了，为什么还是敬不上头炷香呢？在他低头思考时，突然发现自己穿了一双牛皮靴，心想莫不是因此得罪了神仙？于是海瑞连忙脱掉皮靴，上香磕头请求神仙宽恕。可当他拜完神仙回头时，发现殿堂西边立一大鼓，心想这鼓不也是牛皮做的嘛？说来奇怪，牛皮鼓顿时裂成两半。这鼓可是道士日常用来报时诵经的法器，殿内一刻也不能缺少呀。于是，小道士们赶紧用麻布重做了面新鼓放在西边，可结果是鼓三放三破，让小道士们一筹莫展。后经老道士指点，将麻布鼓与铜钟换了个位置，问题迎刃而解。后来茅山道士，每天晨起击鼓，晚上撞钟，以警示世人要严于律己、言行一致。再后来，由于棉麻的缺乏，且麻布鼓易破，鼓面还是改用牛皮材料做，但"晨鼓暮钟"的顺序却一直延续至今。这副联出处是终南山古楼观，老子祠大门内《道德经》碑石之侧的。上联右上角标明"太上老君作"。其中七个字《康熙字典》中收有，其余辞书都无从查考。但根据道士解说，上联读作"玉炉烧炼延年药"，下联读作"正道行修益寿丹"，属道家关于养生修炼的联语。这副联语概括了道家养生进行自身修炼的基本内容。上联："玉炉烧炼延年药"，意思就是"延年药"这个对人来说最宝贵的东西，不须外求，自身就有原料，就有最好的冶炼炉，可以烧炼出来。意义既深刻，又易懂，一语道破了道家修炼的奥秘。下联："正道行修益寿丹"，意思就是按正常的方法下苦功夫修炼，就能炼就益寿的真丹来。这里还须指出，上联的"烧炼"、下联的"行修"是这幅联语的关键所在，必须理解其重要意义。养生的道理纵有千条万条，但炼功深浅程度全在自己，因之取得结果也是各不相同的。

现在我们看到的这座建筑叫"三天门"，在道教中"三天"是指"三清天"。三清是道教对其所崇奉的三位最高天神的合称。这三位最高天神是指玉清境清微天元始天尊、上清境禹馀天灵宝天尊、太清境大赤天道德天尊。其中玉清境、上清境、太清境三境是所居仙境的区别，清微天、禹馀天、大赤天三天是所统天界的划分，而天尊的意思则是说极道之尊、至尊至极，故名天尊。三天门是茅山主峰的最高点，海拔高度是372.5米，故而称台上石坊为"三天门"。相传三天门不仅是当年大茅君茅盈登仙飞升之地，也是旧时九霄万福宫道士拜符上表之所，所以又称三天门为"飞升台"或"表台"。

整个台坊雄浑古朴，台高2米，9米见方，以青石石条砌起而成，台上四周绕筑白色石栏，石栏栏板外侧壁画上雕刻有道教暗八仙图像。暗八仙又可称为"道家八宝"，分别是铁拐李所持的葫芦、钟离权所持的团扇、吕洞宾所持的宝剑、何仙姑所持的莲花、蓝采和所持的花篮、张果老所持的鱼鼓、韩湘子所持的横笛、曹国舅所持的阴阳板。因只采用神仙所执器物，不直接出现仙人，故称暗八仙。台上有一座石坊，坊高6米，宽约4米，正额刻"三天门"，两侧坊柱石刻楹联一副："修真句曲三峰顶，得道华阳八洞天。"这副对联讲述的是，茅山有大茅峰、二茅峰和三茅峰，茅氏三兄弟分别执一山头修炼。第八洞天就是华阳洞，洞天指的是地上的仙山，也是仙人居住的地方。对联为原中国道教协会会长黎遇航道长所撰、茅山道院九霄道人余志成书写。现在大家可以在三天门下拍拍照，从三天门下方走过去沾点仙气。

各位朋友们，殿里面供奉的这两位，左边是我们的泰山奶奶，右边是慈航真人。我们往这边看是我们茅山非物质文化遗产符箓，在全国只有三座符箓名山，分别是江西龙虎山、江西阁皂山，还有就是我们句容茅山了。

我们看一下，这边有七张符，注意看就会发现这七道符上面都有个"八"字，这是画符的开笔，是敕令的意思，也是神仙的指令。

这第一道符是钟馗符，也是降妖辟邪符，这边是钟馗，在钟馗的上方是一只蝙蝠，因为"蝙蝠"谐音"福"，在中国有句谚语叫："蝙蝠飞进门，是喜不是祸"，蝙蝠相当于钟馗的助手，一

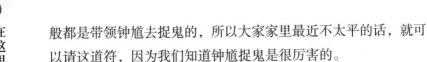

般都是带领钟馗去捉鬼的，所以大家家里最近不太平的话，就可以请这道符，因为我们知道钟馗捉鬼是很厉害的。

第二道符是招财符，这个就是我们刚经过的财神殿正财神赵公明的坐骑黑虎，下面是玄潭，赵公明也叫赵玄潭，如果大家做生意或者想发财的都可以把这张符带回家，预示生意兴隆、财源广进。

第三道符是祈寿符，预示福寿康宁，家里有老人就可以请这道符，保佑老人身体健康。

第四道符是魁星点斗符，大家都知道魁星也叫文曲星，像我们上半年六月份要高考的时候，很多游客都会特地来茅山求这道符，据说这个魁星点到谁，谁的文运和官运就会与之俱来。古时候科举制度的读书人将其视为神灵，我们都是希望孩子能够成绩好的，可以看一下这张魁星点斗符。

第五道符是姜太公符，看过《封神榜》的朋友对姜太公就比较熟悉了，里面的各路神仙都是姜太公封的，所以家里无论哪边犯冲了、犯太岁了都可以请姜太公。

第六道符是和合符，画中一男一女为和合二仙，四周有五只蝙蝠，五福临门的意思，单身的朋友就可以请这道符，是祈求姻缘的。结了婚的也可以把我们合合二仙带回家，保佑家庭美满。

最后一道符是观音送子符，刚刚在二圣殿的时候看有的朋友就拜了我们的送子娘娘，我们看一下这道符，下面画着一个篮子，在中国"篮子"谐音"男子"，现在不但求男子，只要是想求子嗣的都可以看一下这道符，观音送子符。

各位游客朋友，我们现在来到的是九霄万福宫的观景台，在这里大家可以俯瞰整个茅山全景。我们现在面朝北面，可以看到西北方有一座老子神像，茅山的一怪"蜂窝当作戒指戴"就出自那里。我们的第二站将会前往老子神像所处的印宫。在印宫的西面是崇禧万寿宫，崇禧宫是在 2016 年竣工开光的，这座文化道观使道教更加贴近社会、贴近生活、贴近人心。待会我们也将到崇禧万寿宫仔细参观。

各位朋友可曾记得景区入口处的牌坊在道教中相当于一个分水岭，没进入牌坊之前是现实生活，进入牌坊之后仿佛就是仙境，当我们站在观景台时就果真领略到了如同仙境一般的景色。各位朋友我们往前方看，山中云雾缭绕，在茅山，"山顶有雾山脚晴"已是再普通不过的景观，也正是由于这种气候，我们的农业发展非常好。茅山的确不是一个工业聚集的地方，但这里的旅游业、农业是非常发达的。大家所熟知的丁庄葡萄、茅山长青也都得益于茅山的气候。茅山早在隋代就是江南茶乡。清顺治年间乾元观一带所产"乾茶"和民国时期茅麓公司生产的"茅山麓茶"就颇为有名。方山寺僧经营的云雾茶则以 1 担稻换 1 斤茶而出名。1987 年，茅山长青由句容茅山茶场研制成功。茅山长青属于绿茶，长青茶是为了缅怀、继承、发扬陈毅等老一辈无产阶级革命家在茅山地区的抗日、创业精神而特别研制，寓意革命精神万古常青。大家在泡长青茶前就会闻到浓郁的茶香，冲泡茅山长青，你会发现茶叶悬挂水面，或站立在杯底，像是春笋滴翠，汤色呈嫩绿，具有极高的观、品、赏效果。如今，茅山地区是江苏省重点产茶基地。在句容市众多品牌的茶叶之中，茅山长青以其独到的品质位居名茶之冠，先后多次荣获包括"中茶杯""陆羽杯"在内的全国全省茶叶评比的金奖、特等奖和一等奖，被公认为江苏省的名优茶。大家来茅山不妨带几盒长青茶回去送给亲朋好友，也寓意着和朋友间的友谊万古长青。丁庄葡萄如今也是闻名遐迩的，是句容著名特产之一。丁庄葡萄甜味浓、味道鲜、不涩、不酸，曾送北京参加宴会。丁庄葡萄之所以品质超群，得益于产地的气候与土壤。茅山气候宜人，温和湿润，四季分明，全年降水量适中，自古以来都被认为是养生福地。由于茅山地区属北亚热带季风气候，所以这里四季分明、无霜期长、冬无严寒、夏无酷暑、雨水充沛、光照充足，全年平均气温15.2℃，年平均降雨量为1018mm，常年风向以东南风为主，平均年降雪时间8—9天，这样的气候有利于动物繁衍、植物生长，也非常适合旅游、休闲、度假活动。这里的土壤也是最适合葡萄生长的肥沃沙土壤。茅山是典型的低山丘陵区，全镇呈低山、丘陵、岗地和河谷平原交错分布地貌，地势是北高南低、东高西低态势，土质大多属黄棕土壤，为丁庄葡萄提供了良好的载体条件。可以说集天地之灵气的茅山，造就了口感顶尖的丁庄葡萄，当然茅山也因丁庄葡萄增添了一抹亮色。各位朋友，站在观景台，我们可以领略到山明水秀的宜人景色，呼吸到纯净的空气，此时此刻我们全身心地置身于养生仙境的茅山，体验到红色文化、道教文化、养生文化相结合的一次心灵之旅。

　　各位游客，现在我们来到的景点是九霄万福宫的龙池，位于坎离宫西侧壁下。坎离，是八卦中的两卦，分别代表水和火。西边属金，金生水，即龙池，东边是火，木生火，宝藏库常年香火不断，象征茅山道教渊源至今，长盛不衰。

　　俗话说，山有多高，水就有多深。龙池之水常年不涸，所以也称之为天池或神龙所都。池边南侧立一巨型九龙壁，壁长19米，高6米，九龙雕工精细、神态各异。壁下正中塑一硕大龙头，昂首挺立，龙身则隐于壁内，可谓是神龙现首不现尾。龙是中华民族最古老的氏族图腾之一。远古时期，人们敬畏自然、崇拜神力，于是就创造了这样一个能呼风唤雨、法力无边的图腾，对其膜拜，祈求平安。数千年来，龙在人们的心目中是神秘而神圣的，这里流传着一个小游戏，就是把仿古币投向龙头，投中不同的部位所代表的寓意也不同。若投中龙的额头寓意万事大吉，投中龙的眼睛寓意前途光明，投中龙的鼻子寓意一生平安，投中龙的嘴巴寓意生意兴隆。大家现在可以试一试手气。当然，投不准也没关系，道家认为人在山上便是仙，今天游览茅山，就已经沾了茅山的仙气和灵气了，回家后一定能身体健康，好运接踵而至的。

茅山风景名胜区

金陵绿肺，第一福地，第八洞天。

茅山，是中国道教上清派的发源地。

东晋茅山人葛洪修炼于茅山抱朴峰，平生所得写成《抱朴子》一书。为神仙道教勾画出了较完整的理论框架，影响深远。

南朝陶弘景隐居茅山40余年，编撰《真诰》，纂集上清法术《登真秘诀》，编订《真灵位业图》，使上清派的教义、教理和神仙谱系趋于完备。

茅山道教，受历代皇家恩宠甚多，唐宋至顶。

茅山道院香火浓，九霄万福宫气恢宏，八卦台上识风云。

茅山是"红山"，是革命圣地。当年日寇侵占茅山，烧杀抢掠。陈毅、粟裕率新第四军进驻，发动群众英勇抗日，成为模范抗日根据地。茅山犹如利刃，插在日寇心脏，留下了许多传奇故事和成功战例。

茅山是自然天成的人间仙境。

有九峰、二十六洞和十九泉之称。华阳洞奇，青龙洞邃，仙人洞幽。湖泊星罗棋布，白云懒卧林海，繁花惊现绝壁，瀑布喷纱洒珠，鸟兽自由穿行……

茅山是文人墨客心目中的理想地。韩愈、李商隐、范仲淹、王安石、于谦、唐伯虎、康有为都曾痴迷，并留有歌咏诗文传世。

在茅山拍照不需要选景，因为全是醉景。在茅山旅游不必要担心，因为全是满足。结缘茅山，问道成仙！

畅游茅山，一生心甘！不来茅山，终生遗憾！

茅山一览

各位游客大家好，现在我们来到的是元符万宁宫。首先映入我们眼帘的是玉华门，门额上刻着"众妙之门"四个大字，这是康有为所写。门左右两侧刻有一副对联"星应斗牛，山接昆仑，襟太湖带长江，自然钟秀结地肺；秦汉神仙，梁唐相师，垂科教广玄化，上清经箓出句曲"。这副对联是原中国道教协会会长闵智亭道长所书。上联表达了茅山所处的地理位置，下联表达了茅山的历史悠久。在门额的背面左右两侧刻有明道、立德，大家有没有注意到明多了一横而德少了一横。据道长说：明用目字旁表示世界万物都要用眼睛来看，而目就是眼睛；德的三点构成一个人的正常心态，如果多了一横说明这人就要起私心了，所以在这地方写的时候故意少这一横来警醒世人。

您现在看到的这座建筑叫睹星门，亦称石碑坊。睹星门是古时道士观星望气的地方。道家在道教理论、斋醮科仪、绘画音乐、天文地理、中医文学等方面都有很深的造诣。而睹星门就是道士们夜观天象和研究天文星宿的重要场所。

睹星门始建于宋代，重建于元末，毁于清代，现存建筑为1987年重建。高7.5米，宽21.8米，石质建造，分左中右三门，正门横额上刻"睹星门"三个红色大字。门柱为四根青石云头盘龙柱，其中两根为宋代原雕，两根是元代石雕，门左右石壁上刻有"第八洞天、第一福地"八个蓝色正楷大字，每字大约一米见方，苍劲有力，端庄清秀，具有极高的书法价值与石刻艺术价值，此八字为清代书法家王澍于雍正六年（1728年）五月初一游览万寿宫时所作。

这里还流传着一个古老的小游戏，站在离石牌坊3米处原地转3圈，伸出双手向前走能摸到"第一福地"中"福"字的朋友，一定会福禄永远、幸福永随的。

现在我们参观的是元符万宁宫的灵官殿，道教宫观第一进殿堂一般都叫灵官殿，殿内供奉着道教护守山门之神王灵官。茅山元符宫灵官殿内，除供奉有王灵官等五尊护法神外，还有南斗、北斗星君以及60尊太岁神。

大家请看灵官殿的大门，有没有注意到这门是斜的？据《茅山志》记载，元符宫原为唐代修建的火浣宫，宋代皇帝赐建元符观，从唐至宋这段时间，元符宫灵官殿是屡建屡毁，建好后就被大火烧尽，小道士们百思不得其解。后来经过研究发现，灵官殿的大门不仅正对南方，而且与九霄万福宫的天炉也成中轴线分布，依据道家阴阳五行之说，南方属火，九霄宫天炉是香客游人焚香之所，这样一来，天火与地火都正对着灵官殿大门，如同火炉口对着物体烧烤一样，岂有不失火之理？发现原因后，道士们再重修殿门时，故意将殿门向东南方向稍稍偏移了一些，至此灵官殿再也没有焚毁过。

现在我们看到的这座建筑叫万寿台，古时候称作"章台"。整个台坊建筑浑然一体，造型奇特，雕工精细，古朴大方。建筑主体以青石砌筑而成，分上中下三层，中路没有上下台阶，台阶设置在东南与西北角上。元符宫是宋元时期专门为皇帝和太后启建的"金箓道场"所在地，而万寿台是道场仪式活动中道士拜章上表的圣地，所以中路不设上下台阶，意思就是中路只有皇帝才能行走，其他臣民只能从两侧通过，以体现万寿台的神圣。

万寿台正中建造石坊一座，上刻"三天门"，门高6.5米，宽2米。门头上共有四层石雕，自下而上，第一层为二龙戏珠浮雕，第二层为石刻三天门横额，第三层为五只形态各异的仙鹤浮雕，第四层为梁、沿、脊俱全的石雕门顶。三天门两旁古柱高达6.5米，共分五级。一级门柱，高3.4米；二级立体盘龙柱，高1.5米；三级立体八节石墩，高0.4米；四级莲花石座，高0.4米；五级为两石柱顶巅一对高0.8米、左右相对而视的雄雌石雕坐狮。

三天门的两侧石柱石刻对联："仙乐彻九霄，祝一人之有庆；天香招五鹤，祈四海之同春。"相传宋哲宗皇后孟氏误食绣花针后，御医均不能医治，而茅山上清派第二十五代宗师刘混康，使用茅山符箓将孟氏所食绣花针催吐而出，治愈了孟氏喉疾。宋哲宗龙颜大悦，随即赏赐了一大批珍宝给茅山，并赐建元符宫金箓道场，而这副对联上的"一人"就是专指皇帝。

三天门的背面横额上刻有"万寿台"三字，左右石柱刻对联："翠岳捧仙台华阳真气，丹崖飞绀殿河上玄风。"茅山原名句曲金坛华阳境天，元符宫下有华阳洞，华阳真气是指古往今来，茅山上清宗高道辈出；河上玄风是指茅山历代宗师垂范百世，道教精神万古流传。

游客朋友，我们走过七七四十九级台阶就来到了太极广场。这面池我们称作太极池，池底是黑白相拥的阴阳鱼构成的太极图。

池中阴阳鱼的二目为白黑两只大石球，石球在喷泉水流的作用下滚动，演绎了老子《道德经》第七十八章"天下莫柔弱于水，而攻坚强者莫之能胜，以其无以易之。弱之胜强，柔之胜刚，天下莫不知，莫能行"的思想。

池边雕刻着八八六十四卦，相传为先圣伏羲所发明，卦辞可以应用于占卜，每一卦都有深刻的内涵，可以根据卦相推断出世事的吉凶祸福。我们眼前的这四个字"道法自然"出自老子《道德经》第25章"人法地，地法天。天法道，道法自然"。这里的自然是自然而然的自然，其无状可装的自然。其意思是，人受制于地，地受制于天，天受制于规则，规则受制于自然。这是老子的核心思想格言之一。上面的小字是著名的书法家赵朴初所写的《道德经》里面的名句"上善若水，水善利万物而不争。知人者智自知者明，胜人者有力自胜者强，知足者富，强行者有志。合抱之木，生于毫末；九层之台，起于累土；千里之行，始于足

51

下。圣人无常心，以百姓心为心"。

老君殿正中是老子的金像，四周墙壁上是三十二天帝、四大天师等道教神仙彩图。这个开阔的广场就是道祖广场，北边是一条长240米的长廊，分为四个部分：第一部分记录了茅山上清派的三代宗师许谧入道学道得道的故事；第二部分展示了古代及现代名人在茅山的时刻；第三部分是记录了儒释道三家有关孝道小故事的二十四孝图；第四部分是老子《道德经》全文，共5000字左右。

国家 5A 级景区 —— 茅山

　　道教名山茅山位于句容境内，总面积 72 平方公里，主峰为大茅峰，海拔 372.5 米。茅山自然风景十分秀丽，植物资源也十分丰富，盛产药材，明代药物学家李时珍写《本草纲目》时就以茅山为第一站，并记载了 380 多种中药材。茅山是道教十大名山之一，素有"第一福地，第八洞天"之称，为上清派的祖庭，在我国道教中具有极高的地位和极大的影响。茅山旅游资源的特色除了道教文化外，还有红色文化，曾作为苏南抗战根据地的中心，是全国 30 条红色旅游线路之一。茅山还有"三怪"："蜂窝当作戒指戴""客来泉喜冒得怪""纪念碑的鞭炮响出军号来"。

　　九霄万福宫位于珠峰大茅峰的山顶，因此又称顶宫，是茅山道院中影响最大的一座宫观。始建于西汉，茅氏三兄弟在茅山得道飞升后，人们在此建坛建屋，供奉祭祀三茅真君，齐梁时建殿宇，元朝时称"圣佑观"，明万历年间得敕建殿宇，并赐名"九霄万福宫"。坐北朝南，东西对称，红墙萦绕，整个建筑依山借势，结构严谨，布局合理，自南至北，层层而上。

　　入口处的灵官殿上镶嵌着神宗亲书的"敕赐九霄万福宫"石刻匾额。拾级而上，进入灵官殿。正中供奉着道教的护法神王灵

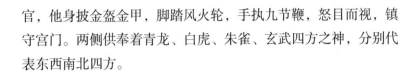

官，他身披金盔金甲，脚踏风火轮，手执九节鞭，怒目而视，镇守宫门。两侧供奉着青龙、白虎、朱雀、玄武四方之神，分别代表东西南北四方。

出灵官殿后门就到了藏经楼。藏经楼为砖木结构，宽三间，深二楹。上下两层，上层为藏经处，藏道藏 5840 卷，下层为祖师殿，供奉茅山道教发展史上几位德高望重的道长，包括正中供奉的上清派创始人魏华存，以及两侧的张道陵、杨毅、葛洪和陶弘景。藏经楼北侧东西各有一室，东为宝藏库，是信徒进香焚表的地方，终年香火不断；西为坎离宫，是出入藏经楼的通道。坎和离是八卦中的两卦，分别代表水和火。坎离宫的西侧为龙池，池水终年不涸，东侧为宝藏库，香火终年不断。水火相济、阴阳协调，使得茅山道教流传至今，茅山道教长盛不衰。

绕过 3 米高的铜炉，就到了茅山道院的主殿 —— 太元宝殿。太元宝殿面宽三大间，进深四楹多，是顶宫道士们早晚诵经及举行道教活动的场所。店内前侧悬挂一钟一鼓，均为报时和举行活动时所用法器，按理应为晨钟暮鼓，即左钟右鼓，但此处钟鼓位置却异于常规。一般道院主殿供奉的应是三清尊神，而太元宝殿正中供奉的则是茅山的三位主神 —— 三茅真君。中间的大哥茅盈以及两侧的两个弟弟茅固、茅衷，三人被封为祖师三茅真君，在道教中占有极其重要的地位。分列于三茅真君前的四尊神像为值年、值月、值日、值时四值功曹，负责向天庭呈递人间焚烧的表文。殿内两侧的神台上供奉马善、温良、赵公明、岳飞四大元帅，护法道场。三茅真君神像背后是道教仙道，共供奉有 32 尊神情各异、形态不同的道教神仙，是道教多神信仰思想的突出体现。殿后东西两侧各供奉茅山土地神刘甫和武财神赵公明。出太元宝殿后门，有一座三层石台，即为飞升台，相传此处即为大茅真君茅盈飞升之地。古时茅山道士在此拜符上表，因此又称升表台，台上石坊处是茅山主峰的最高点，正所谓"海到尽头天是岸，山登绝顶我为峰"。为了形容其高入云天，所以称其为三天门。飞升台之后是二圣殿，正中供奉三茅真君的父亲茅祚和母亲许氏。佛教有一种说法叫作"出家无家"，出家人不在保留俗家关系。而道教则不同，所谓"在家不孝双父母，何必灵山见世尊"，表达了道教注重孝道的思想。殿中左右神龛分别供奉送子娘娘和眼光娘娘。在二圣殿的东侧，这座仿古阁楼是茅山道教博物馆，里面陈列茅山道教符箓、镇山四宝、道教乐器、三清画像等宝物。其中以宋徽宗所赐的玉印、玉圭、哈砚、玉符镇山四宝最引人注目。

元符万宁宫坐落于茅山积金峰山腰的绿树丛中，始建于南朝梁代，兴于宋朝。因宋徽宗所赐玉印原来放置在元符宫中，因此元符宫又称印宫。南朝梁代，著名道教学者陶弘景在此结茅修炼，宋哲宗时，茅山上清派宗师刘混康以高超的医术治好了哲宗母亲的病，宋哲宗龙颜大悦，敕建元符万宁宫并亲书匾额。后来经过一系列的天灾人祸，建筑几乎全部损毁，十一届三中全会以后得以重新修建。经过山门玉华门之后首先看到的是睹星门广场。睹星门始建于宋，正门横额上书"睹星门"三字，四根青石云头盘龙柱均为宋元名家雕刻，石壁上刻有清代书法家王澍楷书的"第一福地、第八洞天"八个大字。

三天门广场上用青石砌成的石台就是万寿台，是古代帝王拜章上表的圣地。万寿台上的石牌坊就是三天门，建于宋朝，门头有四层石雕。第一层为二龙戏珠浮雕，第二层为三天门石刻匾额，第三层为五只神态各异的仙鹤，最上层为石刻门顶。两旁石柱顶端有一对相对而视的石狮。走下三天门，登上七七四十九级台阶就来到了太极广场。太极广场中间是太极池，池底为道教标记 —— 太极图。太极广场钟鼓位置也如太元宝殿一样异于常规，晨撞西钟，暮击东鼓，自古至今代代如此，已成茅山特色。俗话说"平安钟，太平鼓"，大家一会儿可以自行去排队敲钟击鼓，祈求家人平安吉祥。

穿过太极广场，就是一个坡道，上刻四个行书大字"道法自然"，字体苍劲有力，由当代书法家、原佛教协会会长赵朴初先生题写。沿坡道两旁的石阶而上就到了老君殿。老君殿是一座双层八角楼阁式建筑，一楼大殿中供奉着道教始祖老子的金像，该像是茅山老子神像的模像。四周墙壁上绘制着"三十二天帝""四大天师""二十八星宿"等道教神仙彩图。二楼大殿布局与一楼类似，四周墙壁上道教神仙图分别是"四大元帅""三宫大帝""三茅祖师""三清尊神"等。老子神像坐落在道祖广场的正中央，坐南朝北，高33米，用226块紫铜板焊接而成，重达106吨，是世界上最大的一尊老子神像，已被载入吉尼斯世界纪录。老子神像左手捋须，右手持太极扇，慈眉善目，仙风道骨。在他左手掌心之处有一个天然形成的巨大蜂窝，这便是茅山三怪之一的"蜂窝当作戒指戴"。为何老子神像刚刚建成，便有许多马蜂以极快的速度在其掌心筑起了这么大一个蜂窝呢？传说当年老子修道时，常常静坐于此，因山中常有猛兽出没，于是就有一群灵蜂自动过来保护老子，每当有猛兽靠近时，灵蜂就群起而上，直到猛兽仓皇而逃。如今老子神像落成，灵蜂就又回到老子身边筑起蜂窝保护老子，使传说与现实神奇地交织在了一起。

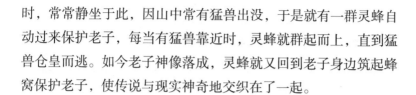

离开元符宫沿石阶到山中，首先就能看到仙人洞。相传古时有仙人在此修炼，仙人洞因此得名。仙人洞是一个石灰岩溶洞，形成已有 6500 多万年，主要特点为"秀""灵""仙"。洞径曲折蜿蜒，洞中流水潺潺，石笋石柱形态各异，栩栩如生。离开仙人洞往山中走去，就能看到华阳洞，茅山"第八洞天"之称便出于此。洞口石壁上"华阳洞"三个大字，据说为苏东坡手迹。外围石壁上还有石刻 20 多处，不过由于风雨侵蚀，大多已经无法看清。相传三茅真君就曾在洞中修道，陶弘景也曾隐居这里，并借洞设立了华阳三馆，著书立说，收徒传教。沿着山中小路往外走，不久便能来到喜客泉。喜客泉顾名思义是喜迎客人来临，客来泉涌。游客在泉边鼓掌或踩脚，喜客泉就知道来了客人，顿时冒出一串串珍珠般的水泡，非常神奇。电视剧《中国泉》中的迎客泉指的就是此泉。

山下的新四军纪念馆为二层方形建筑，门楼为茅山三峰造型，屋顶正上方高悬着代表新四军的"n4a"三个金光大字。建筑面积 3500 平方米，藏有革命文物 1400 余件。步入展厅，迎面是一尊 2.2 米高的陈毅元帅的铜像。内设六个展厅，分为"苏南人民奋起抗击日本侵略军""茅山抗日根据地的开辟""苏南新四军东进北上""苏南抗日根据地的艰苦坚持""苏南人民夺取抗日斗争的胜利"五个部分。新四军纪念馆的建成，再现了陈毅、粟裕、谭震林等老一辈无产阶级革命家的光辉业绩和当年抗日军民浴血奋战的悲壮场面，对教育后人和发扬红军精神有着重要意义，已成为茅山景区的重要组成部分。

茅山喜客泉、苏南抗战纪念碑

茅山三怪之一的"客来泉喜冒得怪"的喜客泉，位于大茅峰西北麓，北距元符万宁宫 800 余米、崇禧万寿宫 300 余米，东距老虎岗 500 余米。我们现在所看到的这块岩石上的"喜客泉"三个字，是由原全国道教协会会长闵智亭道长，也就是我们所说的玉溪道人所书。在入口门额上有"上善若水"四个字，出自老子《道德经》第八章"上善若水，水善利万物而不争"，意思是劝诫世人要具有水一样的品格，恩泽万物而不争名利，是余秋雨先生于 2003 年游览喜客泉时所题。

现在就请大家跟随我往里走，这是必应池，池中是一只金蟾，我们都知道两条腿的人好找，三条腿的蛤蟆不好找，那在我们的茅山就有一只，代表着有求必应、招财进宝。喜客泉位列茅山 19 泉之首，泉周以片石砌成，泉径约 3 米，深约 2 米，泉水冬暖夏凉，水质甘甜，遇旱而不涸。因游人来到泉边拍手击掌，泉中就会冒出串串珍珠似的气泡，以示对游客的欢迎，所以得名"喜客泉"。古往今来，众多文人墨客来到喜客泉观瞻，为之称奇，纷纷赋诗留念。明代诗人陈沂曾赋诗《茅山识泉》："池上一鼓掌，池下泉四溃。问喧鬻沸起，散乱如珠碎。为问何为然，人云此地肺。消息与人通，气动随謦欬。我来方肺渴，掬取聊一

59

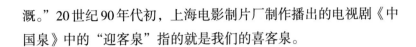

溉。"20世纪90年代初，上海电影制片厂制作播出的电视剧《中国泉》中的"迎客泉"指的就是我们的喜客泉。

在喜客泉景区内还有南朝梁代昭明太子读书台、养生书屋、得子谷栈道、十二生肖路、百福图等景点。现在大家可以自行参观游览，也可以稍作休息，听一曲道乐，品一杯仙茶，感悟道家人生。

茅山既是道教名山，也是红色革命圣地，那接下来我们就去学习中国的红色革命文化，有朋友猜到了，我们马上去的就是苏南抗战胜利纪念碑。当年新四军东进苏南，创建了以茅山为中心的苏南抗战根据地，战士们在这里日夜英勇奋战。茅山道士当时也加入到了作战队伍中。很多人知道茅山道士爱国又护教，道士们不只是钻研道教文化，同时也是非常爱国的。当年新四军在茅山活动频繁，陈毅司令员曾经三顾茅山深处的乾元观，请不愿意为日本人治病而躲起来的老道长辛三仙为新四军战士治病，陈毅司令员还结识了乾云观的当家慧心白道长，获得了惠道长及弟子们的支持，当时新四军第一支队司令部和政治部就设在茅山乾云观内。

日寇曾多次对茅山进行报复，最为残酷的是 1938 年 8 月和 1940 年 5 月两次对茅山的清乡扫荡。在日寇的"三光"政策下，"三宫五观"的几十名道士惨遭杀戮，在日寇残酷的洗劫下，不少茅山道士也积极投身于抗日救国运动中，他们有的直接参加新四军，有的给新四军带路、探情报、送消息、照看伤员、备粮筹款。由此可以看出，我们茅山道士不仅信奉道教文化，也是非常爱国的。马上我们就要听到世界一绝的军号声了，请大家带好随身物品有序下车！

我们现在瞻仰的这座纪念碑叫苏南抗战胜利纪念碑，碑名由原国防部部长张爱萍将军亲笔题写。碑前两尊骑着战马的雕塑分别是陈毅和粟裕。1938年夏，新四军一、二两个支队在陈毅和粟裕等同志的带领下挺进苏南茅山，创建了茅山抗日根据地，抗战期间苏南军民开展了艰苦卓绝的反扫荡、反清乡和反清剿的斗争，先后抗击和牵制日伪军10万多兵力，在5000多次的作战中共"毙、伤、俘"日伪军达4万多人；苏南人民的5万优秀儿女参加了新四军，7000多人为国捐躯。为纪念在抗战期间牺牲的烈士，茅山苏南抗战胜利纪念碑于1995年9月1日正式建成。

纪念碑宽6米，高36米，须弥高3.13米，寓意镇江市全体党员31.3万人；碑身高28米，寓意新四军第一、二两个支队来自南方八省健儿；碑前有6组台阶，每组50级，最后一组17级。6组寓意6月，17级寓意17日，6月17日代表着新四军韦岗首战告捷的日子，50级寓意抗战胜利50周年。

茅山三怪之一的"纪念碑的鞭炮响出军号来"就出自这里，1997年除夕之夜，一位李姓居民在望母山脚下燃放鞭炮，发现每当鞭炮爆炸时，纪念碑便响起一阵清晰的军号声，鞭炮一响，军号声就响。原以为是纪念碑附近有人故意吹军号，但是此居民在这附近仔细寻找，根本没发现有人。为了证明确有此事，他就在白天再次放鞭炮，同样鞭炮一响，军号声也响了起来。后来经过南京大学、河海大学等有关部门专家的多次实地考察，证实了的确有这一奇观。至于为什么会有这一奇观？可能与当地的气候、地形、环境诸多因素有关。更令人惊叹不已的是，这个军号声比北京天坛的回音壁更加神奇：不管何物发出的声音，只要达到一定的分贝，都会产生军号声，发出的军号声是铜质军号，每次发出的号声都具有六个音符，这种军号声有很强的指向性，纪念碑中轴线两侧两公里外均能听到军号声，而在中轴线两侧36米外却只能听见鞭炮声。

各位游客，今天我有幸带大家来瞻仰这座庄严肃穆的纪念碑，聆听这伴随着爆竹声而响起的嘹亮军号声，仿佛穿越到那段烽火硝烟的岁月里，感受着新四军战士奋勇杀敌的悲壮场面，这也在告诫身处和平时期的人们应铭记历史、珍惜和平。

茅山游客服务中心

茅山历史悠久，文化深厚。泰伯在这里采药，三茅真君在这里得道升仙，葛洪在这里炼丹养生，陶弘景在这里悠然隐居，李白在这里留下诗篇，李时珍把这里作为编撰《本草纲目》的最后一站，陈毅在这里设立新四军支队司令部。山不在高，有仙则名，茅山名传海内外。祝愿今天的茅山之旅，能给各位朋友留下美好的回忆。

各位游客朋友，我们现在所在的地方是茅山景区的游客服务中心。茅山连续两届荣获"江苏服务业名牌"称号，拥有专业的服务团队和服务设施。其中，游客中心以绿色、生态、环保为主题，完全按照国家 5A 级旅游区标准建造，并结合茅山景区未来发展需要设计。

游客服务中心以游客为本，设施包括青奥特许商品中心、茅山景区全景导览图、票务中心、智能检票口、多媒体中心、虚拟景区展示中心、露天 LED、购物请香中心、团体服务接待处、景区监控中心、警务室、医疗急救中心以及五星级标准化公厕等。

　　游客中心是茅山智慧旅游的展示窗口，安装了智能停车LED显示屏、智能电子检票系统、智能天气显示屏、客情显示电子屏、多媒体查询设备、虚拟讲解员互动魔镜等智能化设备。

　　游客中心覆盖无线网络，各位朋友可以用手机下载APP、扫描二维码登录浏览茅山旅游网站、参与微博微信互动。茅山景区网站内容丰富、功能多样，可以进行门票的预退订，可以下载智能电子导讲系统，还可以通过360实景导览图身临其境地游览茅山，足不出户即可深度体验景区历史人文和优美的自然风景。

导览图

　　游客朋友们，我们先看一下这幅茅山景区导览图，这样对茅山会有一个比较具体的印象。

　　茅山景区主要景点有九霄万福宫、元符万宁宫、喜客泉、华阳洞、仙人洞、苏南抗战胜利纪念碑、新四军纪念馆等。此外，茅山三怪"蜂窝当作戒指戴""客来泉喜冒得怪""纪念碑的鞭炮响出军号来"更是充满神奇。

　　九霄万福宫坐落于海拔 372.5 米的茅山最高峰大茅峰之巅，所以我们习惯称之为"顶宫"。

　　导览图的实线部分为盘山公路，而虚线就是林间步行小道，沿着盘山公路往下看，老君神像，也就是元符万宁宫就坐落于积金峰上。

　　老君神像的下方是一个石灰岩溶洞仙人洞，仙人洞右下方则是被誉为道教第八洞天的华阳洞。

　　从华阳洞向山下步行约十分钟是茅山三怪之一喜客泉，也被称为"福地神泉",因为您只要拍手击掌即可看到泉水冒出串串珍珠似的气泡,甚是神奇。

这里是"世界一绝"的纪念碑,可以亲身领略"碑下放鞭炮,空中响军号"的奇特现象。

纪念碑西行约 300 米就是新四军纪念馆。这些就是我们茅山景区的主要景点,现在就请检票入园,开始茅山之旅吧。

游客朋友们,茅山原名句曲山,又名地肺山,以洞天福地而闻名天下。因西汉陕西咸阳茅氏三位兄弟 —— 茅盈、茅固、茅衷在此修炼,并经常采药救人,为周边百姓做了很多善事,在三人得道升仙后,百姓为纪念三人的功德,故把句曲山改名为三茅山,简称茅山。茅山是道教上清派发源地,也是上清派宗坛,有"秦汉神仙府,梁唐宰相家"的美誉。

从行政区域上看,茅山位于迄今已有 2000 余年历史的句容市。句容名字由来与茅山有关。明弘治《句容县志》、民国《今县释名》均注明:县内有勾曲山,即茅山,山形似"已",勾曲而有所容,故名勾容。古代句、勾二字相通,因此逐渐写成句容。

从地理位置上看,句容地处苏南地区,东连镇江,东北依长江与古城扬州隔江相望,西靠南京,是南京的东南门户,距离南京仅 60 千米。东有扬溧高速、南有沿江高速、西有宁杭高速、北有沪宁高速贯穿期间，交通十分便捷。

茅山自古就有九峰、十八泉、二十六洞、二十八池之美景，有道家"第一福地、第八洞天"之称，在东南亚地区享有盛名。茅山是国际休闲养生基地、中国道教养生文化体验区、中国著名道教圣地、全国十大道教名山之一、全国六大山地抗日根据地之一、全国爱国主义教育示范基地、全国百家红色旅游经典景区等。茅山既是道教圣地，又是红色革命圣地，还是养生胜地，自然景观、人文景观、革命历史景观融为一体。

牌坊

游客朋友们，眼前的这座牌楼就是景区的主入口，上面"茅山"二字为唐代大书法家颜真卿的真迹。在我们道教当中，牌坊就是一道分水岭，没进入牌坊之前是在人间，而牌坊之后就进入仙界了！

我们现在所走的这条盘山公路长约 4.5 公里，为开国元勋许世友将军亲自督建。盘山路的右侧有条"非常道"，名称取自《道德经》第一章"道可道，非常道"。非常道全长 1.6 公里，全程共有华存亭、抱朴亭、本草亭、隐居亭等 4 处休息凉亭，沿途可领略景区丰富的植物资源和茅山古镇风景。非常道是古人朝山进香的必经之路，古代修建山顶宫观，所有的建筑材料都是通过非常道运至山顶的。

九霄万福宫

　　游客朋友，我们即将游览的景点是九霄万福宫，因宫殿坐落于茅山主峰之巅，故又称顶宫。九霄万福宫始建于西汉，初为石坛、石屋；元代延祐三年（公元1316年），敕建赐额圣祐观，专祀大茅真君茅盈；明代万历二十六年（公元1598年），又得敕建殿宇，赐名九霄万福宫。

　　旧时宫内原有太元、高真、二圣、灵官、龙王五殿堂；藏经、圣师两楼阁；毓祥、绕秀、怡云、种壁、礼真、仪鹄六道院，左右两侧道舍、客堂等建筑近百余间，整体建筑雄伟壮观，殿宇金碧辉煌。至抗日战争结束，九霄宫原有建筑群几乎损毁殆尽。

　　因九霄万福宫位于茅山地区的制高点，所以抗战时期日寇就在九霄宫设置据点，以便更好地控制茅山地区，达到奴役茅山人民的目的。1938年，新四军一、二支队挺进茅山地区后，把茅山作为抗日根据地活动的中心，而日寇在九霄宫设置的据点自然就成了茅山抗日军民的心腹之患，不除掉这个据点，新四军就无立足之地。为此，新四军希望利用日寇换防的机会设伏打击敌人，铲除日寇据点，消除心腹之患。但茅山地势险要，新四军虽然经过多次激战，均没有成功铲除九霄宫据点。1938年10月6日，元符宫、乾元观惨案相继发生，使茅山道士们看到了日寇的残暴，也看清了日寇据点对根据地的危害。为此，茅山道士不仅暗地里向新四军提供情报，而且积极配合新四军行动，协助新四军铲除九霄宫据点。1943年10月27日，九霄宫道士李浩岐得知鬼子第二天要换防的消息，及时将情报传递给新四军，新四军接到情报后，立刻在茅山半山腰设伏，于28日一举铲掉了鬼子据点。

现在，我们看到的九霄宫建筑群，基本是1982年后重新修复的。修复后的九霄宫红墙萦绕，坐北朝南，东西对称，整个建筑依山借势，结构严谨，布局合理，自南至北层层而上，气势恢宏。现宫内有灵官、宗师、太元、二圣、慈航、元君、太岁、财神八殿堂；迎旭、道膳坊、养生堂、黄鹤常临四道院。有常驻道士30余人。

九霄万福宫是茅山景区最主要的景点之一，主要供奉三茅真君茅盈、茅固、茅衷，历来是江南地区香客信徒朝山祈福必到的地方。下面请随我或自行游览。

我们现在来到的是灵官殿（第一进殿堂），殿宽三间，殿内正中神台之上供奉的是道教护法神王灵官。王灵官原名王善，玉皇大帝赐名"玉枢火符天将"，相当于佛教中韦陀的位置。王灵官塑像身披金盔金甲，脚踏风火轮，右手执九节神鞭，左手掐灵官诀，赤面三目，怒目而视，威风不同寻常，镇守宫门。相传王灵官的第三只眼睛是玉皇大帝所赐，称作"善眼"，能够识别人间的善恶美丑。请看神像两侧的这副对联："三眼能识天下事，一鞭惊醒世间人；灵则无私扶合镜，官能正直佑斯民。"这副对联是在教育和警醒世人做人就要做一个正直善良的人，做官也要做一个正派清廉的官。

在王灵官塑像两侧供奉的是道教中的四方神东青龙、西白虎、南朱雀、北玄武。青龙、白虎、朱雀、玄武是指天上的二十八星宿，每七个一组，形成青龙、白虎、朱雀、玄武的四种星象。日常生活中，我们常说的拿"东西"，而不说拿"南北"一词就起源于此。原来，东方色青，属木，代表一切植物，如花草、树木等。西方色白，属金，代表一切金属矿物，如金银铜铁等。所以人们就用东西一词代表一切有形的固态物质。而南、北分别属火、水，是一种没有固定形态的物质，一般不能用手直接拿取。所以人们便把代表"木"和"金"的两个方面联在一起，诞生了"东西"这个词。大家可以再看一副对联："十万朝山非是别，忤逆子孙休见我；一半进香也有功，孝顺儿女皆为你。"这副对联告诉我们，茅山是一座崇尚孝道的道教名山，无论香客来自哪里，凡在家遵循孝道的，以孝为先，都能得到神仙的庇佑。

藏经楼

各位游客，现在我们看到的这座建筑是九霄万福宫的藏经楼，原来是宫内道士收藏、保存道经的地方。藏经楼为砖木结构，分上下两层：上层为道院以前收藏经书所用，现在为坎离宫，东侧为宝藏库；下层叫宗师殿，用于供奉茅山及道教五位宗师。

魏晋南北朝时期，道教由民间逐渐向社会上层发展，尤其是一批门阀士族开始信奉天师道（张道陵创建的五斗米道），而且这一时期，魏晋玄学备受士大夫重视，玄学之风遍及朝野，催生了道教各种道派及方术。茅山上清派就是在这种背景下诞生的，并逐渐形成了以茅山为中心、引领江南数省的茅山宗，以至后来成为道教宗派中极为重要的一支。

宗师殿正中所供奉即为茅山宗第一代宗师魏华存，魏元君。魏华存是晋朝司徒魏舒之女，成道后被授予紫虚元君上真司命南岳夫人。魏华存元君所传授的《黄庭经》，是上清派的重要宗经。黄为中央之色，庭乃四方之中，这本书蕴含丰富的健康养生思想，是一本医学养生和宗教相融合的名著，也被内丹家奉为内丹修炼的主要经典。

魏华存塑像右侧第一位就是我们道教创始人张天师即张道陵塑像，形象威猛，所持为雌雄剑，专为驱鬼降魔所用。张天师是江苏丰县人，于东汉末年在四川的鹤鸣山创立五斗米道，又称天师道，即道教的前身，因为学道之人要奉献五斗米而得名。三国时候，统领五斗米道、占据汉中的张鲁就是张天师的孙子。五斗米道被上层权贵推崇，东晋著名诗人陶渊明"不为五斗米折腰"，就是暗指不屈服于上层权贵，而不是真的买不起五斗米。

日常生活中，我们常说的一个成语"张冠李戴"就与张天师有关。道教的前身是"五斗米道"，实际创始人是天师道的张道陵，张道陵在创立道教后，推崇老子的《道德经》，将《道德经》尊为道教的最高经典，并尊奉老子为教主，从而在认知上使人们误以为道教是由老子创立，因老子本姓为李，所以人们就用"张冠李戴"叙说本应属张家的风头，却被李家抢去了，用于暗讽世人搞错了对象。

张天师右侧塑像为上清派第二代宗师杨羲，他是句容人，和著名书法家王羲之为同门师兄弟，都是魏华存的弟子，杨羲著有《上清真经》，为上清派流传至今奠定了坚实的理论基础。

魏华存塑像左侧这尊是葛洪，葛洪是东晋道教学者、著名炼丹家、医药学家和化学家，句容人。葛洪发现了汞的氧化还原反应，是首次从朱砂中还原出汞的人。朱砂是道教炼丹和画符时常用的矿物质。

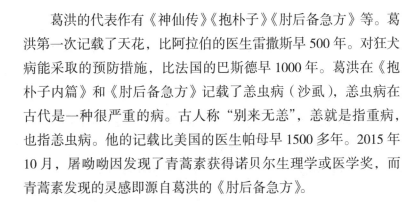

葛洪的代表作有《神仙传》《抱朴子》《肘后备急方》等。葛洪第一次记载了天花，比阿拉伯的医生雷撒斯早 500 年。对狂犬病能采取的预防措施，比法国的巴斯德早 1000 年。葛洪在《抱朴子内篇》和《肘后备急方》记载了恙虫病（沙虱），恙虫病在古代是一种很严重的病。古人称"别来无恙"，恙就是指重病，也指恙虫病。他的记载比美国的医生帕母早 1500 多年。2015 年 10 月，屠呦呦因发现了青蒿素获得诺贝尔生理学或医学奖，而青蒿素发现的灵感即源自葛洪的《肘后备急方》。

葛洪塑像的旁边是茅山道院第九代宗师陶弘景塑像。陶弘景是南京人，晚年在华阳隐居，华阳洞就是他隐居的地方。他是著名的医药家、炼丹家、文学家。陶弘景注重养生，道学深厚，知识渊博。南朝梁武帝（萧衍）请他出山去做宰相，但陶弘景一心在茅山潜心修道，并寄诗一首"山中何所有，岭上多白云，只可自怡悦，不堪持赠君"给梁武帝。另有传说，陶弘景画了一幅画，画上有两头牛，一头牛戴着金笼头，被拿着鞭子的人牵着鼻子，另一头牛什么也没戴，自由自在地吃草。梁武帝明白了他的心意，就不再强求，但每逢朝廷里有要事，都会书信来往南京和茅山之间，向陶弘景求教，因此陶弘景被人们称为"山中宰相"。

秦汉神仙府，梁唐宰相家

茅山是国家 5A 级风景名胜区，江苏省甲级风景区，著名的道教圣地，素有"秦汉神仙府，梁唐宰相家"之誉，被道家尊为"第一福地，第八洞天"。景区内峰峦叠嶂，云雾缭绕，气候宜人，山上奇岩怪石林立密集，大小溶洞迂回深幽，灵泉圣池星罗棋布，曲涧溪流纵横交织。

罗丹说："生活中不是缺少美，而是缺少发现美的眼睛。"选择茅山，说明我们每位游客都有一双慧眼，你们发现了大自然中的美。在茅山，我们不仅可以领略大自然的鬼斧神工，还可以享受道法自然的那份宁静与安逸。

茅山有九峰、十八泉、二十六洞、二十八池，其中老子掌中蜂窝自然天成，被称为"茅山一怪"。

茅山主峰叫大茅峰，是茅山的最高峰，海拔 372.5 米，它巍然屹立，似绿色的苍龙之首。

稍后，我们就可以慢慢领略它的秀美容颜了。

（一段时间后）好，各位游客，现在我们到了茅山风景区。大家随我一起进山去。

茅山，说大不大，说小不小，它南北长约10公里，东西宽约5公里，面积有50多平方公里。

现在，让我们往里走，沿着盘山公路边走边看，大家一起说说笑笑，也不会觉得多累。再说，这山里的空气多清新啊，我们进山旅游，不就是为了给身体来一次彻底的清洗与放松么？

茅山，为什么叫这么一个有点土气的名字呢？原来，早在汉代，咸阳有茅氏三兄弟，看破红尘，写下"春日才看杨柳绿，秋风又见菊花黄，荣华终是三更梦，富贵还同九月霜"的感叹，遂寻山修道。他们披星戴月，风餐露宿，昼夜兼程，行至黄海之滨，见一高山，林木参天，绿荫蔽日，芳草如茵，香茅遍地，便留山隐居，修道养性，采药炼丹，济世救人。日久，茅氏兄弟终成正果，名列仙班。

后人因此建三茅道观，称他们为"三茅真人"，称山为"三茅山"。慕名来山学道求医者，络绎不绝。

其时，句容一带，瘟疫流行，闻三茅真人道法高超，能治百病，便来人求治。三茅真人欣然前往，居句曲山华阳洞，治愈数百人。三茅真君仙逝后，人们念其大德，建庙山巅，塑像供祀，并改句曲山为南茅山，称江北三茅山为北茅山，简称茅山。

随后，茅山成了道教上清派的发源地，被道家称为"上清宗坛"。

现在我们到了茅山道院。茅山道院最盛时有房屋五千余间。太平天国时曾遭兵燹，至清末尚存"三宫五观"。"三宫"为崇禧万寿宫、九霄万福宫、元符万宁宫，"五观"为德佑观、仁佑观、玉晨观、白云观、乾元观。1938 年 9 月，日寇扫荡茅山，焚毁了 90% 以上的道院房屋。十一届三中全会以后，宗教政策得到落实，政府拨款修复了九霄万福宫和元符万宁宫，合称茅山道院。大家可以各处看看。

好，现在我们继续前行。在茅山游览，不像黄山"走路不观景，观景不走路"。大家可以边走边看，但也要注意脚下的安全。

茅山，是一座适合四季游览的山。春天，它山林滴翠，草木芬芳；夏天，它绿树成荫，葱茏一片；秋天，它天高云淡，色彩斑斓；冬天，它银装素裹，雾凇飘情。你听，那繁花嫩叶中的鸟鸣是多么清脆，像用水洗过一般，那是她们在欢迎远道而来的客人。

现在，我们到了积金峰南腰处，这里幽洞密集，怪石林立，山水秀美，风光迷人，是福地之中的福地。矗立在我们眼前的是元符万宁宫。著名道士陶弘景曾结庐于此，并在龙池旁修炼。大家可以四处看看。

白云生处仙境也

水有源树有根，听说白云也有根吗？我们所处的白云峰，茅山景区三茅景点就是白云的根。眼前这石头叫"云根石"，快看，蓝天中白云朵朵，峰峦上白云飘飘，山谷间白云缭绕，也许它们就从这里生成升起。不知诸位是否观看中央电视台由董卿主持的一档叫《中国诗词大会》的节目，几次考问选手《答诏问》的作者是谁，诗中的"山"和"岭"指的是什么地方，选手们80%的回答都正确，诸位游客你们能答上吗？对！"山中何所有，岭上白云多。只可自怡悦，不堪持寄君。"作者陶弘景，诗中"山"和"岭"指的就是茅山，具体一点就是白云峰，据说当年的陶弘景就是在此写了这首诗。陶弘景与南朝梁帝萧衍相识相交，梁帝几次邀陶弘景赴朝廷佐政，陶一心隐居茅山专研医药、文学、炼丹，不想参政。萧衍来信问陶"山中何所有？"陶便作诗回复"岭上多白云"，还开玩笑说"只可自怡悦，不堪持赠君"。意思是你萧衍帝要观白云可以到茅山来。萧衍善用人才，朝廷要政总要与陶弘景商讨，陶弘景成了"山中宰相"。说到陶弘景，不得不说当代医药学家屠呦呦，她是咱中国第一位诺贝尔医学奖获得者。她和团队共同研发的抗痢疾中药青蒿素，其灵感就是来自陶弘景的医药书中"青蒿一握"。青蒿，茅山有生长。今天，诸位来到白云峰一游，也许是与陶弘景有个千年之约。

白云峰海拔 218.2 米，位列茅峰之四，人称四茅峰。峰北不远处那座独立之峰为三茅峰。峰顶原建有仁佑观，峰东几乎与白云峰相连之峰为二茅峰，四茅峰仿佛孩童偎依在其怀中。二茅峰顶原建有德佑观，两山之观同建于 1314 年到 1320 年间，又同被日军毁于抗战时期。2010 年以后才规划重建，现均具规模，对外开放。两峰由公路绿道相连，若徒步登峰可拾级而上。

白云峰西麓几乎一马平川，赤山与之遥相呼应。山下近处，茅山湖波光粼粼，湖上游沿岸数个景点投资近百亿元，部分完工对游人开放，不久的将来，到此游山玩水准会让你尽兴，乐不思归。如果现在欲去体验一番，半岛溪岸、涵田酒店、温泉浴场、康缘养生纷纷招手欢迎。

白云峰南侧山凹处，千年前造的白云观如今仅剩遗址静静淹没水底，白云观因陶弘景"白云诗"而得名，公元 1131 至 1163 年间建成，经堂宝殿 50 余间。1918 年前后，康有为曾住观中为其母守墓 3 年。康母之墓葬于白云观西南侧青龙山下，钢筋水泥结构，半圆拱形，十分气派宏伟，20 世纪 60 年代"文革"初期被毁。白云观门外南面，有千年古枫"龙树"虬枝盘结，茂叶遮天，夏如巨伞，秋似火团，千百年香火鼎盛，收拜"干"儿"干"女无数，枝头挂满红绿布条可以作证。1938 年夏秋，茅山道院惨案在此发生，日军两次闯入观中，烧毁殿宇 20 多间，10月 8 日杀害道众 9 人。1943 年前后，日伪军沿镇江到太湖西岸围竹篱笆搞"清乡"，8 月 15 日傍晚，茅山军民 2 万人在二、三茅峰以举火把为号统一行动，一举将敌人三四百里长的篱笆烧成火龙，化为灰烬，振奋人心。

让我们轻松一下，听个传说故事。故事就发生在上面的那块大石头上。这块石头很像棋盘，名叫棋盘石，很久很久以前，山下一青年来此砍柴见二位老者于石头上下棋。青年为二者棋艺所迷。片刻，一着红袍老者对青年说你母亲来了，青年不信头也不回仍在观棋。又片刻，一着绿袍的老者对青年说你妻子来了，青年这才回首但未见有人。于是回头想继续观棋但二位老者不知去向。青年去拿扁担、绳索欲砍柴下山，但插于石缝中的扁担已长成大树，绳索亦长成藤萝，于是下山回村，但是找不到家门，连邻居也不认识。一老者告知，千年以前村里一年轻人上山砍柴至今未归。青年随即上山寻找对弈老者，结果自己也修行成仙。真是山上片刻，山下千年。白云峰，人间仙境也。

遇见茅山遇见美

亲爱的游客朋友，也许有一个地方一直令你心驰神往，即使走马观花后依然会令你魂牵梦萦，我想这个地方应该就是句容茅山。茅山地处江苏省西南部的句容、金坛两县（市）交界处，南北长约 10 公里，东西宽约 5 公里，总面积约为 50 多平方公里。茅山是中国的一座道教名山，是道教上清派的发源地，被道家称为"上清宗坛"，素有"第一福地，第八洞天"的美誉。

茅山的自然景观集奇、险、秀、幽、雄于一体，其海拔虽不算高，却有泰山之巍峨、黄山之秀丽、嵩山之挺拔、华山之险峻，如诗如画，美不胜收，是生态观光、休闲、度假、品味文化、野营探险、摄影写生的绝佳胜地。茅山上景点众多，有九峰、十八泉、二十六洞、二十八池之胜景，峰峦叠翠，云遮雾绕，千岩竞秀，万仞壁立，怪石虬松，飞瀑流泉，霞飞云渡，映衬着道教文化圣地茅山道院，仿佛让人进入了一个神话般的世界，飘飘然有登仙之感。"青山不墨千秋画"，如果说句容大地是一幅清新淡雅的美丽画卷，那么茅山无疑是画卷最精彩的画心。

茅山主峰大茅峰似绿色苍龙之首，也是茅山的最高峰，海拔为 372.5 米，二茅峰、三茅峰随之蜿蜒而下，与主峰高低起伏，相映生辉。茅山道教源远流长，东晋时期的著名道士葛洪曾在茅山修炼，并著书立说。南朝齐梁时期著名道士陶弘景也曾在茅山隐居 40 余年，号称"山中宰相"。茅山道教在中国道教史上享有很高的声望和地位，除"第一福地、第八洞天"的美誉外，还曾赢得了"秦汉神仙府，梁唐宰相家"的称号，是世人公认的天下名山。

但凡天下名山，一是自然景观奇特，二是人文景观独特。奇特的自然景观和独特的人文景观，造就了名闻遐迩的茅山胜景。茅山有着与众不同的自然胜景，同时也存在着深厚丰富的人文底蕴，而二者形成的自然景观与人文景观水乳交融地展现出来，便使茅山千百年来成为句容的一个著名景区，吸引了古往今来众多的游人。

茅山风景秀美，四季可赏。春游茅山，山林滴翠，山花烂漫，到处是流动的诗行；夏游茅山，绿树成荫，葱茏一片，仿佛进入了清凉世界；秋游茅山，天高云淡，色彩斑斓，给人以美不胜收之感；冬游茅山，银装素裹，雾凇灵秀，使人为之心旷神怡。大自然的造化与神秘的传说融为一体，更体现出茅山文化气息浓郁、充满浪漫想象的独特魅力。茅山素有山美、道圣、洞奇之特色，最引人入胜的自然景观有华阳洞、金牛洞、玉柱洞、仙人洞、罗姑洞、丹井、龙池和喜客泉，皆有奇趣。华阳洞洞口上方有石刻"华阳洞"三个大字，笔力苍劲，相传为宋代大文豪苏轼的手迹，这也是华阳洞最大的看点之一。喜客泉的奇处在于游客到来之后面对泉水击掌，片刻之间就会从泉池深处冒出水泡，一串串宛若珍珠项链，故名喜客泉。

　　茅山的道教文化极为深厚，名胜古迹众多。相传，茅山宫观道院最盛时曾多达 257 处，有房屋 5000 余间，至清朝末年尚存"三宫五观"，足见规模不凡。改革开放以后，政府拨款在遗址基础上修复了元符万宁宫和九霄万福宫，合称茅山道院。元符万宁宫位于茅山积金峰南腰处，气势雄伟，恢宏壮观，主要建筑有睹星门、灵官殿、碑亭、万寿台、三天门、慈航殿、勉斋道院、老君露天神像及其附属建筑等，给人以肃然起敬之感。九霄万福宫俗称顶宫，位于茅山主峰大茅峰之巅，主要建筑有山门、灵官殿、太元宝殿、飞升台、二圣殿、白鹤厅、养真仙馆、迎旭道院、花厅、仪鹄道院堂等，均依山借势，层层而上，给人以渐入佳境的妙悟。此外，茅山还是一座"红色"的山，是著名的抗日根据地。茅山为此建有抗战胜利碑、新四军纪念馆等，是进行爱国主义教育的好场所。

　　遇见茅山遇见美，我想只有身处茅山这样的妙境，你才有可能产生返璞归真、尘虑顿消的哲思与感悟。我的介绍就到这里，朋友们下次再见！

梦山幻水是宝华

朋友，当你来到宝华山时，我知道你是为美而来，这没有错。我也会让你知道，你的选择太对了，人出门在外就应该为美丽慷慨买单。对我提的这个意见，我想爱美的你一定是格外认同的吧？

神奇的造物主孕育了无数的名山胜水，位于江苏省句容市境内的宝华山就是大自然精雕细琢的一件艺术杰作。宝华山原名花山，因春天黄花满山而得名，后因南北朝高僧宝志来此结庵讲经，遂易名宝华山，在我国佛教史上占有重要地位，被称为"律宗第一名山"。宝华山国家森林公园素以"林麓之美，峰峦之秀，洞壑之深，烟霞之胜"而驰名，现为国家 4A 级景区，森林覆盖率高达 92%，古木参天，淌绿流翠，山光水色，美不胜收，令人为之流连忘返。古人有诗赞曰："万山堆里看云松，曲庵幽溪复几重。为爱泉声过林去，不知烟寺耳闻钟。"这正是对宝华山美景的真实写照。

能让一个个游人视为梦里老家的地方，一定有它的不寻常之处，宝华山就是这样。记得有人说过，在现代，对天地间大美的发现，往往与诗人的慧眼有关。那么，既然有这么多的游人迷醉于宝华山的美，那么我们的每一位游客朋友也都是具有慧眼的诗人了，这真让人高兴。"天下名山僧占多"，有着深厚佛教文化底蕴的宝华山有着"二龙四池七台九洞十二泉"之胜景，人在山中走，如在仙境行，诗意和灵感的翅膀不由自主就会为之高飞远翔。

宝华山自然美景与人文景观兼具，美在峰秀水奇，也美在寺古亭幽。宝华山中的自然胜迹有拜经台、九洞、四池、钓鱼矶、将台、御道松等，久负盛名的人文景观则有隆昌寺铜殿、无梁殿和武圣庵、御碑亭等。拜经台位于宝华山西部山峰，上有巨石，其形似台，一名晒经台，又名会君台，相传是梁武帝与高僧宝志相会晤谈之处。九洞为潮音洞、乌龙洞、白虎洞、志公洞、黄花洞、品洞、东华洞、西华洞、古僧洞，皆妙趣天成，颇有引人入胜之处。四池为戒公池、莲花池、龙池、龙王池，为宝华山增添了水之灵秀。钓鱼台在宝华山之北，相传为北宋名相王安石垂钓之处。这些自然胜迹与人文景观，各有奇妙之处，值得各位游客朋友亲临览胜。

宝华山植被保存状况较好，据调查现有植物500多种，堪称是琳琅满目的"植物王国"，其中宝华玉兰是全国罕见的古老树种，有"活化石"之称。这里的动物资源也极为丰富，拥有豺、狼、獐、狐等20多种哺乳动物，还有画眉、八哥、白鹭等近百种鸟类，被称为"天然动物园"。无论是参天的浓绿古树、万紫千红的各色花卉、攀壁的老藤，还是空谷的狐踪、林间的飞鸟，这一切的一切都透出大自然的清灵秀气，让人为之流连忘返。

如今的宝华山，对初次来到这里的游客朋友们来说就是一个奇景天成的大盆景，正在你的眼前实现它的完美绽放、华丽转身。来到宝华山，你的第一感觉肯定是目不暇接，满目的美色好像能把人击晕。秀色可餐的风景总是能够激发人的想象力，这是因为它往往有着大不同于寻常的地方。有时得力于雄险的山石沟壑、特殊的地形地貌、俊逸的溪流潭湖，以及罕见的珍禽异兽，有时则得自于神奇美妙的神话传说、难以确考的逸闻趣事。因此，"胜"地常常就是"圣"地，而宝华山恰恰就是以"兼美"见长的。当你忍不住掀开这片山水的封面时，你立刻会发现：山水的久远，历史的深厚，民风的淳朴，风光的旖旎，无一不吸引着我们去仔细地翻阅这里的一石一水，一草一木……而当你的心经过山水的涤荡后，你会由衷感到：往事如风，积淀了厚重的人文浸润；逝者如斯，偏有这青山绿水依然。

各位游客朋友，走进人间福地宝华山，一切都是不寻常的，一切都是带有神秘色彩的。也许在你浮想联翩之际，你会把宝华山看成一个豆蔻年华的江南美女，把它看成江苏句容的一个绝色丽人。那么，就请你放下身段，全身心地投入其中，尽情与梦山幻水的宝华山景区谈一场惊天动地的"恋爱"吧！

神奇最是寺中鼠

您现在所站的这个位置，二百五十多年前，乾隆爷第四次登临宝华山时，恰好也在这里留下过足迹。不过你们现在是在听我讲解，而他当时却被大雄宝殿内僧人们庄严的诵经声深深地吸引了。

皇帝来了，僧人们念起经来格外抑扬顿挫，隆昌寺念的经叫"花山律腔"，在江南的佛教音乐里最有韵味，就算心里塞满鸡毛的人听了之后，也会纯净得像蓝天白云似的。

乾隆爷听着听着，忽然发现了一个奇特的现象："请教大律师，天上怎么落下来这么多大小不等的飞禽啊？"一直陪同他的老和尚对他施了一礼，随口答道："阿弥陀佛，人想修行，鸟也想听经啊。"

那位游客插话了："导游，你在讲神话啊？飞禽在这里都成仙鸟了啊？"

对不起，世界上没有仙鸟，不过这里山深寺旷，鸟儿特别多，僧人们念完经后又爱喂它们，时间一长，这些鸟一听到诵经声就全飞来了，就像南京红山动物园里的鸽子一样，你用棍子都撵不走的。

乾隆爷一听："服气！朕头一次听说，这鸟儿还有爱听经的！"

老和尚见他很感兴趣，就发问了："万岁爷，请您猜猜，咱们隆昌寺的瓦松多不多啊？"

什么叫瓦松？它又叫瓦花、瓦塔、狗指甲，就是专门长在老房子屋顶小瓦楞里的一种植物，就像一座座肉色的小宝塔似的。

乾隆爷心想：朕去年让内务府派人除掉金銮殿屋顶上那些碍眼玩意儿的时候，才听说它们叫瓦松。朕听说瓦松是鸟儿粪便里没有消化掉的种子长出来的。这宝华山处处有飞鸟，隆昌寺的屋顶怎么可能没有瓦松？于是便答："肯定比比皆是。"

"请万岁爷随贫僧登上藏经楼一观。"

乾隆爷好奇地登上楼，老和尚推开窗子，请他朝对面的各殿眺望。奇怪了，各殿的屋顶上都干干净净！

乾隆爷笑着说："朕输了，未曾料到你刚派人清扫过屋顶。"

老和尚也笑道："不敢。请再随贫僧进厨房一观。"

乾隆爷更好奇了，不知道这个老和尚的葫芦里卖的是什么药。于是他又随老和尚来到厨房。

忽然，先进厨房查看是否安全的一个御前带刀侍卫冲出来拦住圣驾："皇上留步，里边污秽，万万不可进！"

啊？难道里头有什么脏东西？！

人是越不让你干的事你越想干，乾隆爷听了这话，不但没有停步，反而推开御前侍卫，一头冲进去了。哎呀呀，果然看到了！他居然看到了几只大老鼠！

那位游客又要发问了：难道宝华山老和尚的脖子发痒了？就算想请乾隆皇帝来看玉仙金佛，也得事先派几个小沙弥把这些大老鼠给赶跑啊。

各位，乾隆爷是什么人啊！他心想：你这老和尚既然特地请朕到厨房来，想必就是让朕看看隆昌寺里这些活宝的！再一瞧，这些大老鼠果然一点都不怕他，还人模人样地站起来，一会儿向左边看看，一会儿向右边看看。

这哪是老鼠啊？简直就像魔幻世界里袖珍版的小哈巴狗！

乾隆爷越看越喜欢，童心大发，不但像唤小狗一样，"唆唆唆"几声，还把手向这些大老鼠伸过去。

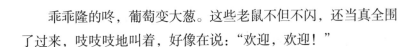

乖乖隆的咚，葡萄变大葱。这些老鼠不但不闪，还当真全围了过来，吱吱吱地叫着，好像在说："欢迎，欢迎！"

老和尚说："万岁爷，咱们隆昌寺里的老鼠，不但不偷吃厨房里的稻米，不乱啃藏经楼里的经书，就连各大殿屋顶上的瓦松才冒出的小芽，它们都帮着清除掉了。"

有位游客又要发声了：导游，你今天真是瞎说。老鼠不吃稻米，难不成修成仙了？连王母娘娘还要吃蟠桃呢！

这位先生您别急。我说隆昌寺的老鼠不吃库房的稻米，并没说它们天天只喝宝华山的西北风啊！那些僧人既然养着它们，难道不知道喂它们吗？这大概是它们天天看着僧人在寺里修行，于是心里也生出了一点佛性吧。

这可真不是我胡编滥造啊。《宝华山志》载，乾隆爷第四次上宝华山后留下的一首诗里，就明明白白地写着"庭有禽听呗，厨多鼠守粮"这十个字。"庭有禽听呗"就是鸟儿们都飞来听佛经，"厨多鼠守粮"是什么意思，就不用我解释了吧。

请问天底下的老鼠，有谁说过它好话的？只有咱们宝华山隆昌寺的老鼠，是乾隆爷亲自为它点的赞！对于这件事，凡是在隆昌寺受过戒的和尚，没有一个不知道的！

哪位游客是属老鼠的，我帮您在这里拍个照吧。今天您的运气特别好，听到了一个永远不会忘掉的有关自己生肖的故事。如果您的父母、爷爷、奶奶、孩子、亲友也属鼠，千万带他们到这里来，让隆昌寺也带给他们一些福气吧！

宝华山千华古村

千华古村依托宝华山山水胜景，依山势、水文而建，建筑风格统一为古木建筑，走近古村你会发现，充溢着清朝风格的村落古色古香、八面玲珑、清净秀雅，时时处处展示着我国清朝时期的民俗文化 —— 衙门、镖局、钱庄、茶楼、茶叶铺、醋作坊、粮油铺、酒馆、酒坊、肉铺、小吃铺、首饰铺、香烛铺、古玩字画铺、许愿楼等，错落有致地分布其中，完整真实地展现了清朝时代黎民百姓的生活状况。

【镖局】我们现在进入千华古村，你们面前出现的是马车、轿子，特别是一排排列整齐的独轮车摆布在镖局（相当于现今的物流公司）的大门前。镖局（受人钱财，凭借武功，专门为人保护财物或保障人身安全的机构。又称镖行。旧时交通不便，客旅艰辛不安全，保镖行业应运而生，镖局随之成立。）二层楼建筑，三开间门面气派十足。

【钱庄】大树下有一"有求必应"神坛，要经商离不开钱，这不，开源钱庄（银行）的大门永远敞开着。

【斗鸡】各位游客，大家好，现在出现在我们面前的是一组斗鸡的场面，你们看两只大公鸡死死地缠在一起，谁也不肯先松开。其中一只斗鸡已占上风，双爪牢牢地把另一只斗鸡踩在脚下，并高昂起头颅，嘴中发出"咯咯"的示威声，向观众显摆。一旁的赢家和输家表情各异。斗鸡游戏起源于亚洲，中国是世界上驯养斗鸡的古老国家之一。

【香艳楼】现在出现在你们面前的是香艳楼，秦淮八艳的故事在这里流传。你们穿过园洞推开朱红色的对开木门，青砖垒砌的戏台映入你的眼帘，轻纱幔帐营造出当年香艳的氛围。如得巧，会有戏曲表演，还会听到曼妙的昆曲唱腔，让人不由得遐想那段风花雪月的日子。

【宝志公祠】我们现在来到了宝志公祠，宝志公祠是纪念隆昌寺开山鼻祖宝志和尚的祠堂。宝华山隆昌寺最初是梁代高僧宝志和尚在此结庵传经，故名宝志公庵。宝志即民间传说中济公和尚的原型。该寺广场上存放着一只泛着铜锈的巨大木鱼，据了解，该木鱼迄今为止在国内排行老大。

【绣里】这里是古村落绣里，也称绣外街，花岗岩条石铺就的街道，两侧一式两层楼雕梁画柱仿古建筑。

【秦淮水阁】现在出现在你们面前的是秦淮水阁。"烟笼寒水月笼沙，夜泊秦淮近酒家。"杜牧的《泊秦淮》和朱自清、俞平伯的同题散文《桨声灯影里的秦淮河》让秦淮河闻名天下。秦淮河古代亦称小江，是南京人的母亲河。其源有南、北两支：南源为溧水东庐山，北源就是宝华山了。宝华山为秦淮河源头之一，在源头前建有一水阁，亦称"秦淮之源"，此水阁造型精美、高大巍峨、气势磅礴。

【醉巷】各位游客，我们现在走在醉巷里。醉巷，顾名思义就是喝酒不醉不归的地方。一条极窄的巷子，临湖背山，小道两边都是酒肆（酒楼）居多，十分优雅独特。在醉巷牌楼边有一座济公醉酒的泥塑：手拿芭蕉扇，腰间挂着一酒葫芦，拖着一双露出脚趾头的破鞋，刻画特别到位。

各位游客，你们前面是一群形态各异的羊群走上台阶准备过桥，一个穿开裆裤的小男孩趴在台阶上伸出小手想抓小羊，小羊赶紧抬起后腿并回头看着小孩，画画特别有趣。

各位游客，如果你们想要品味美食，南面就有一个麦芽糖坊，你们可以尝尝老板现做现卖的麦芽糖。现在你们可以随便走走，一条溪流将陪伴着你们游览古村落，溪边小屋处处透露出清、民国时代的建筑风格。

到此我们的游览就要结束了，感谢各位对我工作的支持，也要谢谢你们耐心听我讲解，更要感谢大家来到我们句容，好客的句容人民欢迎您的到来。

隆昌寺四大怪

佛教名山宝华山为宁镇山脉第二高峰，在群峰之中藏着气势雄伟的千年古刹隆昌寺，隆昌寺始建于南朝梁代，扩建于明代，至今已有 1500 多年的历史了！隆昌寺与其他寺庙不一样，它有四大怪，到底是哪四大怪呢，等到了景区之后我详细地给大家一一解说哦！

好了，咱们现在所处的位置就是隆昌寺的大门口，来到隆昌寺就不得不提隆昌寺的四大怪了！这第一怪呢请大家顺着我的手势看去，那石观音的脚下就是戒公池又名放生池，那池水是大旱不干、大雨不涨，水位始终保持在一定的水平线上！这就是隆昌寺的第一怪"戒公池的水无涨落"。

第二怪就要说到正门前方的两棵银杏树了，这两棵银杏树已有四百多年的历史了，高达三十几米，周长就有 3.2 米，可这两棵大树四百多年从未结过果实！很多游客都说是公的所以不结果！在这里有个小传说，传说它们是乌龙洞里面的乌龙和护法神韦陀菩萨的化身，所以这四百多年从未结过果实！这就是隆昌寺的第二大怪"百年银杏不结果"。

接下来就要聊到第三怪了，请大家看这座寺庙的大门是不是非常独特呀？大家根据太阳的位置能辨认出大门是朝哪个方向吗？朝东？朝西？我听到了正确的答案，对的，是朝北！大家都知道民宅和皇宫大院都是坐北朝南略偏西的，人们称为向阳宅地，而隆昌寺的大门却是朝北开！在这里有两个说法：一说相传乾隆皇帝曾六下江南、六上宝华山、六进隆昌寺都是从北面而来，为了方便迎接皇帝，所以将大门朝北开！第二个原因是由宝华山地势所决定的，因为宝华山是北临长江的，过去陆路交通不方便，来此烧香的游客都是坐船而来，为了方便游客，所以将寺门朝北开！接下来大家有没有发现这座寺院的山门不仅朝北开而且还特别小是不是？在最早的时候寺院有999间半，后来因为受到战火的原因还留存有300多间！为何门这么小呢？因为该寺的僧人功课比较多，为了请求清净，故将门造得偏僻，所以民间一直流传着一句话：围着寺庙转不见有山门，听得念经生不见有僧人！

好，咱们已经聊了三怪了，那还有第四大怪是什么呢？那就跟随着我的脚步继续往寺院里面参观吧！眼前这座殿堂叫布萨堂，布萨是印度的梵语忏悔的意思，那布萨堂里供奉的是谁呢？就是韦陀菩萨！他在一般寺院手拿法器站在弥勒佛的背后，但是在隆昌寺他却是独居一个宝殿，地位相当高！这就是要说的隆昌寺的第四大怪"活的韦陀能消灾"。他手中的法器叫金刚降魔杵。常有三种摆放姿势，不同的姿势则代表的寓意也是不同。咱们现在看到他是双手合十，金刚杵放在手腕上则表示该寺院具备接待天下云游僧和居士来此免费吃住一天的时间，属于中等规模；如果是扛在肩上则表示该寺院具备接待三天时间，属于大规模了；如果是双手握杵在地则表示该寺院不具备接待能力，即不管吃也不管住！所以说不同的姿势代表的寓意也不同！

说到这里隆昌寺的四大怪就结束了，咱们一起回顾一下第一怪说的是什么？水！是的，叫"戒公池的水无涨落"。第二怪呢？树！是的，叫"百年银杏不结果"。第三怪呢？门向对吧？叫"山门朝北开"。第四怪就是咱们刚解说的叫"活的韦陀能消灾"。大家都听得非常仔细，真棒！

各位游客朋友们，隆昌寺的介绍到此就结束咯！有什么做的不到的地方还请大家多多包涵，多提宝贵意见，让我以后的工作能够做得更好，也预祝大家在以后的生活中工作好，家庭好，身体好，心情好，今天好，明天好，不好也好，好上加好，来点掌声好不好！谢谢大家！

魅力宝华山

各位游客朋友们，大家好！欢迎大家来到美丽的宝华山。在这里，我先向大家介绍一下宝华山的概况。宝华山位于我们江苏省句容市以北，地处华东旅游黄金线上，距南京、镇江、句容各为 30 公里，地理位置重要，东临铁瓮，西控金陵，南负句曲，北俯大江。是国家级森林公园、4A 级景区，素有林麓之美、峰峦之秀、洞壑之深、烟霞之胜四大奇景。宝华山原名花山，这是因为在夏季的时候，这儿漫山遍野都是黄花而得名。又因为在古代的时候，"花"与"华"通用，所以宝华山也得名"华山"。再后来，南北朝时期的梁代，一位祖籍句容的得道高僧宝志和尚在此结草为庵，讲经传教，弘扬佛法，使得华山名闻遐迩。宝志和尚圆寂之后，后人为了纪念他的无量功德，就把华山改称宝华山了。

宝华山是绿色生态的天堂，森林覆盖率达到 90% 以上，这儿有 17.58 平方公里的森林景观。宝华山给大家的第一个印象就是一眼望去，全是连绵不绝的山脉与葱葱郁郁的森林。宝华山的原生态环境保护得力，有刚竹、水竹、短穗竹等野生品种，称之"竹海"，古木参天，空气清新，负氧离子含量高，高达每立方厘米 2 万以上，是一个适合深呼吸的福地，每年都有很多游客专程到此深呼吸。景区内迄今仍有许多极为珍稀的百年古树古木，比如国家一级保护植物宝华玉兰就生长于此，宝华玉兰因其种群数量极为稀少，被称为"植物界的大熊猫"。

大家好！现在我们来到了千年古刹，"律宗第一名山"的隆昌寺，隆昌寺是佛教律宗祖庭，始建于502年，至今已有1000多年的历史了。隆昌寺环境清幽，群山环抱，周边有36座山峰环绕，似36片莲花瓣，而隆昌寺则如莲房端坐其中。寺里梵音缭绕，香火旺盛。清代时期，雍正皇帝下令宝华山的律院住持、律师赴京放皇戒，也就是颁授御戒，从此之后，不但全国各地的僧尼都到此受戒，而且日本、泰国、缅甸等国的很多僧尼也曾来此受戒，隆昌寺因此享誉中外。隆昌寺的建筑格局是坐南朝北，山门朝北开，庙大门小，寺内殿堂四通八达，从大雄宝殿纵轴线向前延伸到大悲楼的一侧是东寮房，另一侧是西寮房，规模宏大，对称严谨，体现了明清时期的建筑特点。相传，明代的神宗皇帝的生母李太后梦见来到了一座长满莲花的山上，恰好宝华山有莲花之意，李太后下令让人打造三座金殿，两座分别放在峨眉山、五台山，一座放于宝华山。隆昌寺的屋瓦很有灵性，无论是何处瓦片，一年四季就算不用打扫也不会有落叶呢！寺前有个"戒公池"，据说水位终年不变。隆昌寺还保存有铜殿，殿里供奉着观世音菩萨的坐身金像，历史上传承下来的铜殿仅有5处6座，其中之一便位于句容宝华山隆昌寺，所以弥足珍贵。在隆昌寺，我们会感受到浓郁的佛家文化与浓厚的人文气息，很多文人雅士都在此留下了优美的诗篇。

大家好！参观了隆昌寺之后，我们就来到了千华古村。大家看，古村里处处都是明清建筑风格的建筑，大家眼中所见皆是布匹坊、粮油铺、钱庄、酒肆、戏台、杂耍区、镖局等仿古店铺，店铺的门头是用古体字题写的匾额，还有用锦旗做成的店铺招牌。有意思的是，在古村买东西，都是用古钱结算的，古村有钱庄，可以用人民币兑换古钱。我们走在淳朴而静谧的古村青石板路面上，会有一种时光倒流的感觉。在千华古村，我们可以在民俗表演广场上欣赏到变脸、喷火、爬刀山、街头驯猴、驯老鼠、木偶戏、古彩戏法等传统的民俗节目，感受传统民俗的文化魅力。古村街道有不少栩栩如生的雕像，各位朋友可以和这些雕像留个影。大家如果感兴趣的话，可以留宿千华古村，夜晚的千华古村，灯火璀璨，小桥流水，如梦如幻，流光溢彩，处处是景，恍如一个世外桃源。

此外，还有如风禅意民宿群、丁沙地、将军洞、天龙福地广场、乌龙洞等景点，大家可以一一去领略，感受宝华山的民俗风情与美丽风景。

各位游客朋友们，我就先介绍到这，很感谢大家对我工作的支持，也感谢大家来到宝华山。宝华山是一座很有魅力的名山，预祝大家在这里玩得开心愉快！魅力宝华山欢迎大家！谢谢！

宝华山的故事

　　宝华山原名花山，盛夏季节黄色野花漫山遍野。宝华山位于江苏省句容西北，与南京接壤，在 312 国道南侧、沪宁高速公路以北，距南京、镇江、句容各 30 公里。静卧于长江之滨，西与南京钟山、栖霞山绵延相连，是宁镇山脉的第二高峰，最高峰海拔 437.2 米。东临铁瓮，西控金陵，南负句曲，北俯大江，气势雄伟，挺拔而壮丽。

　　开山之祖南朝梁代高僧宝志登山结庵，讲经传教，此山遂名声大震。宝志圆寂后，遂改花山为宝华山。宝华山历史悠久。山脚下的丁沙地遗址距今近 7000 年，曾出土过大量的石器、骨器、陶器等实物，是一处宁镇地区较早期的新文化遗存。

　　宝华山水流石不动，山静云自飞。以佛教传世的宝华山更有二龙、四池、七台、九洞、十二泉之胜景，集林麓之美、峰峦之秀、洞壑之深、烟霞之胜于一体，人在山中走，如在仙境行。

　　宝华山的雾海比之黄山云海毫不逊色。那乳白色的岚气时浓时淡，变幻莫测，浓时如絮，淡时如烟，峰峦寺庙，时隐时现，如青春少女神秘的面纱，似九天仙女飘临凡间。溪水潺潺，松涛和鸣，莺声燕语，一切尽沉醉在浓淡相宜的晓岚霭气之中。乾隆皇帝曾六上宝华山，发出了由衷的慨叹：宝华深处秀，问路语吾曾。康熙也数度来游，赐银赐物、不吝墨宝。

宝华山国家森林公园，森林覆盖率达 92%。古木参天，叶稠荫翠，根株蟠结，绿草茸茸，落英缤纷。山上珍稀树木繁多，橄树、银杏、紫兰等树种成长良好。其中，宝华玉兰更是宝华山所独有。其花大如莲、白如雪，每至传戒期则竞相争艳，那浓郁的花香和婀娜的姿态给教徒们送来了一片温馨、几分亲切。

这是隆昌寺，又称千华寺、千华社，始建于公元 502 年，至今已有 1400 多年的历史。最初是梁代高僧宝志和尚在此结庵传经，故名宝志公庵。宝志即民间传说中济公和尚原型。明神宗敕赐大藏经及"护国圣化隆昌寺"的名称，于是改称隆昌寺。清康熙、乾隆曾多次驾幸宝华山隆昌寺，足见其在佛教界的地位和影响。隆昌寺，是佛教律宗祖庭，有"律宗第一名山"之称。寺内戒台只有有放戒资格的寺院才能拥有。放戒是佛教仪式之一，大概相当于现代大学授予学位。隆昌寺戒坛为汉白玉所制，原为木结构，律宗第二代祖师见月大和尚改为石制坛。据《宝华山志》载，见月造石戒坛时，开基的夜晚，感坛殿放光五色，直冲云霄，众山群楼，亮如白昼。隆昌寺律院先后放戒 70 余期，戒僧遍及天下，东南亚、日本等地许多信徒也慕名前来受戒。凡取得隆昌寺工时牒的和尚，走遍全国大山名刹，都会得到热忱接待。

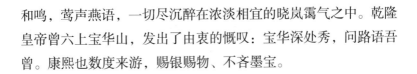

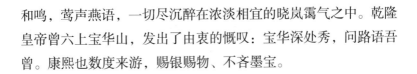左侧竖排文字：

在这里发现句容别样的美——句容市景区景点优秀导游词汇编

风格独特的隆昌寺，属典型的明清建筑。周围还有10多处庙庵和一批人文景点。隆昌寺是国内保存下来的最大的传戒道场，享誉海内外。该寺始建于梁朝，扩建于明代，距今已有1500年历史，建筑宏伟，曾有"999间半"之称。由于寺庙建在山坳之中，史称"山为莲花瓣，寺在莲花中"。古寺被青山环抱，古木掩映，常年云锁雾罩，清静绝尘，盛夏无暑，真乃佛门名刹。历代达官贵人、名流雅士纷纷登山浏览，留下千古佳句，诗文百余篇。梁武帝，清康熙、雍正、乾隆皇帝都曾驾临，史载乾隆皇帝六下江南，六上宝华山，六进隆昌寺，留下千古传说。明清时代，不仅全国70%的僧尼来此受戒，而且东南亚许多国家的僧尼也慕名专程赶来受戒。寺内至今珍藏着日本、泰国、缅甸、印度等国家教徒赠送的玉佛、石佛、铜磬、法器，钦定镇山玉印，皇帝用过的万寿枕头、九龙杯和光绪年间铸造的可煮千斤大米的5口铁锅及铜殿、无梁殿等。宝华山名扬海内外，隆昌寺在国际佛教文化交流中起着重要作用。

宝华山不仅因寺出名，而且景色奇特秀丽，寺藏于山中，如花之含萼，莲之有房，寺周苍松翠柏，山中还有九洞四池，深邃神奇。古人称之有林麓之美、峰峦之秀、洞壑之深，号称四十奇秀。据史志记载："其形安而逸，其势荣而严。"山势崛起，群峰环绕，古树蔽日参天，溪流纵横，绿柳成荫，常年云雾缥缈，盛夏季节，气候凉爽，乃避暑胜境。

宝华山历史上曾是北亚热带生物资源丰富的地区之一，植被保存较好。据调查有植物500多种，其中宝华玉兰已是全国罕见古老树种，被称为活化石。山中自然生长多种药材和珍贵树种，江苏省政府已将宝华山辟为山林自然资源保护区。

宝华山国家森林公园

宝华山国家森林公园是全国知名的国家森林公园、国家 4A 级旅游区。宝华山位于句容市西北部，位于 312 国道南侧。宝华山原名花山，由于盛夏时节黄花满山而得名，因古时"花""华"通假，所以称华山。在南朝梁代，高僧宝志和尚晚年登山结草为庵，设坛讲经传教，致使此山名声大震，宝志圆寂后，为纪念这位开山祖师，改称华山为宝华山。

宝华山之所以成为我国佛教名山之一，主要原因是隆昌寺在佛教中属律宗，专门制定佛教法规，被佛教称为"律宗第一名山"。

宝华山地处要道，东临铁瓮，西控金陵，南负句曲，北俯大江，素以林麓之美、峰峦之秀、洞壑之深、烟霞之胜四大奇秀而著称。

首先映入我们眼帘的是戒公池，长宽均为 30 余米，当时可供千人用水。这里还是隆昌寺的第一怪：戒公池水无盈蚀，说的就是池水终年不竭、雨年不溢、旱年不涸。

现在，我们便来到隆昌寺，又称宝华寺，始建于公元 502 年，至今已有 1500 多年的历史。

清康熙、乾隆曾多次驾幸宝华山隆冒寺，足见其在佛教界的地位和影响。隆冒寺号称有殿宇 999 间半，风格独特，四合方形宛若一座法坛。与众不同的是，山门面北偏东，既小又僻。隆昌寺，是佛教律宗祖庭，有"律宗第一名山"之称，全国乃至东南亚很多寺院的住持和建院都是这里毕业的。现在我们面前的就是隆冒寺的山门，山门上悬挂的"护国圣化隆"的匾额是明万历三十三年（1605 年）神宗皇帝题写的。隆昌寺的山门有两个特点：一个是山门朝北开，这是为什么呢？原来寺门是朝南开的，因为皇上巡幸是从北面而来，为了恭迎圣驾，好让皇帝常来烧香拜佛，这就是宝华山第二怪"山门朝北开"。山门特别小是为什么呢？因为隆昌寺是律宗寺庙，纪律严明，为方便控制僧人进出，所以将门修得很小。

好了，让我们一起走过这独特的山门，前往大雄宝殿参观，沿路我们会看到很多殿堂。卧佛殿内供奉着释迦牟尼。韦驮涅槃石像殿又称布萨堂，是僧人修行的时候用来悔的地方。韦驮殿供奉着佛教的护法神将 —— 韦驮，传说这里供奉的韦驮菩萨人称"活佛"，能消灾，特别灵验，被举为宝华山第三怪："活"的韦驮能消灾。三圣殿中供奉的是西方三圣，中间的是西方极乐世界教主阿弥陀佛，两旁的是他的左肋侍观世音菩萨和右肋侍大势至菩萨。千手观音殿里面供奉的是千手观音，虽然只有四十二只手臂，但因为佛教里讲二十五因缘，用二十五乘以四十二，为一千挂零，所以称其为千手观音。药师殿里供奉着一尊汶白玉药师佛，他是东方净琉璃世界教主，据说可以解脱众生的病痛、苦难和灾祸。

各位游客，我们面前这个古朴的小院内坐落着铜殿，全名观世音菩萨殿，因为最初用铜构件建成，所以称为铜殿。铜殿历经损毁修建，大殿的铜构件荡然无存，内外结构均有所改变，现在的铜殿是清康熙年间按照原风格重修的，重檐歇山欧瓦屋顶，砖木结构。铜殿门额上悬挂着一方匾额，上书"莲界云香"四个大字，原为康熙皇帝手书，现为已故茗山法师的墨宝，殿内现供奉着观世音菩萨的坐身金像。在铜殿的左、右两侧树立着两座古朴精致，形制、大小完全相同的建筑，它们就是无梁殿。无梁殿有三大特色：一是小巧玲珑，二是在同一寺内有同式且对称的两座无梁殿，三是有上下两层。接下来，我们继续向前走，现在看到的是斋堂，又称五观堂，食时五观，指的是东亚佛教的禅宗在用餐前所要做的一种观想。前面我介绍过，隆昌寺最鼎盛时期有殿宇九百九十九间半，现在在隆昌寺内还留有几口大铁锅，一次可煮米千余斤，可以想象当时隆昌寺的繁盛。

来到宝华山西部峰顶，这里便是拜经堂，又名晒经台，上有巨石如台，相传是梁武帝会宝志处。龙池在拜经堂西北，驻足池边，您定会发现一种身上有鳞、背黑腹红、尾巴很长的小动物，是恐龙时代的古生物蝾螈，也就是人们常说的"龙子"，这便是龙池名称的由来。最后，我们要游览的是玉兰园。宝华玉兰是宝华山镇山之宝，也是江苏省植物名片。宝华玉兰是阔叶乔木，属木兰科植物，花期在每年 3 月中旬至 4 月上旬，先开花后长叶，花为白色，基部微紫，艳红的花丝，散发着淡淡的幽香。

　　神秘的宝华玉兰令人琢磨不透，因为它的母树只分布在句容宝华山上，而且更绝的是它只生长在北坡，海拔必须是 220 米左右。离开这个环境就难以生存，因此被专家称为"植物中的大熊猫"。

千华古村 —— 龙藏浦街、秦淮之源

宝华山素有林麓之美、峰峦之秀、洞壑之深、烟霞之胜四大奇景，在群山环抱的山脚下有一座久负盛名的杨柳泉村，也就是我们眼前这座千华古村的前身。

从入口广场开始到龙藏浦街，是千华古村的前街部分，这一段主要经营着各种各样具有特色的店铺。由于古村在宝华山国家森林公园内，而且主要是木质建筑，所以这里严禁吸烟，同时也请大家注意森林防火，不带易燃易爆品进入景区，打火机可以寄存在检票口。古村内台阶比较多，请大家注意脚下安全。

下面请大家随我参观：龙藏浦街、秦淮之源。

您看，我们脚下的鹅卵石铺地就像是龙身一样，龙爪和祥云一应俱全，沿着龙尾到龙身我们一路向前，龙头正藏于"秦淮水阁"之下，"水"古称"浦"，龙头藏于浦中，所谓"龙藏浦"。而水阁之下，正是当年的杨柳泉旧址。根据《乾隆句容县志》记载，秦淮河源头在华山（宝华山）北，天井、杨柳二泉，为秦淮之源。此处就是当年秦淮河的源头。

此刻虽涓涓细流、滴滴之泉，但确是秦淮河最远的发源处。从这里发源的秦淮河水，却能奔流 100 多公里，总流域面积达 2631 平方公里，主要支流有 16 条，流经句容、溧水、江宁、南京等地，灌溉面积达 130 万亩左右。

秦淮河在南京可以说是如雷贯耳、无人不知。因为哺育了南京古老的文明，南京人亲切地称秦淮河为母亲河。秦淮河古称为"龙藏浦"，又称"淮水"或"小江"。相传秦始皇当年南巡去会稽（今绍兴）祭奠大禹陵，路过南京，望金陵上空紫气升腾，以为有天子之气，于是下令凿方山，断长垅为渎，引淮水入长江，以泄王气，从此便有了这条河。后人误认为此水是秦时迎淮河之水形成，所以将淮水前加了一个"秦"字称为秦淮河。

秦淮河全长 110 公里，是南京除长江以外的第一大河。《宝华山志卷四》记载："秦淮其源二，一出句容宝华山，一出溧水东庐山，合流入方山；自通济水门入于郡城。"根据河流源头唯远论，可以说秦淮河的源头就在我们句容宝华山，流至通济门外分两支：一支从东水关入城，经夫子庙、镇淮桥，出西水关，称"内秦淮"；另一支沿明城墙的东、南、西三面流过，成为南京城的护城河，称"外秦淮"，两支流在水西门外汇合后流入长江。

十里秦淮的风光与风俗、风雅与风情是江南最具人文魅力的华彩篇章之一，而继汉开唐，光辉灿烂的六朝文化是秦淮河的辉煌时期，王谢大族的子弟留下了人文秦淮的美好情结。

公元589年，隋朝推翻了陈朝。隋文帝下诏将"建康城邑宫室，平荡耕垦"，六朝古都受到严重破坏。直到唐朝中后期，才渐渐恢复往日的繁华。唐代一位又一位大诗人，用他们流芳千古的诗篇，见证了秦淮河顽强的生命力。

秦淮乃天下文化繁盛之地。始建于南宋，鼎盛于明清两朝的江南贡院，是我国古代最大的科举考场。历史上的唐伯虎、郑板桥、吴承恩、吴敬梓、曾国藩、李鸿章、张謇、陈独秀等一大批历史文化名人，或意气风发，或忧国忧民，或痛心疾首，均在秦淮河畔留下了他们的身影，与人文秦淮结下了不解之缘。

千年灯火半河月，十里笙歌一路花。秦淮河是一条人文的河、浪漫的河、美丽的河！龙藏浦街是依托秦淮河源头而建的古街，当年的古街人头攒动，繁华热闹，可以说是鼎盛时期夫子庙的缩影，没有当年繁华的龙藏浦街，就不会有十里秦淮的风华绝代。如今这里每天都会有古村文化演艺，古街为舞台，每位游客都是参与者，让我们在一幕幕不同的故事场景中，深入体验龙藏浦古街的魅力。

这里是秦淮之源，物华天宝，宝华山国家森林公园欢迎您的再次到来，谢谢！

律宗第一名山 —— 宝华山

句容宝华山是一个令人向往的旅游景点，它风景独特，自然的美丽吸引着我们。宝华山海拔 437.2 米，因济公的原型宝志和尚是山上隆昌寺的开山祖师而得名。隆昌寺是景区最主要的景点，始建于南朝梁天监元年 (公元 502 年)，它的三坛大戒非常出名，是目前国内最大的传戒道场，宝华山也因此有"律宗第一名山"的美誉。宝华山有北大门和南大门两个大门，一般从北大门进入景区，因为公交车都是经过北大门的，312 国道也位于北边。山上有盘山公路，建议自驾，比坐公交方便，车辆开进景区在购买门票的同时还需购买停车票，小型车 (15 座以下)10 元 /辆，大型车 15 元 / 辆。非自驾的游客可以乘坐景区内的游览车，单程 10 元；或者步行，从山脚到隆昌寺约需 30—40 分钟。从北大门依次看过北泉湖、开国上将许世友挖掘的煤洞"将军洞"后，便来到登山步道"乾隆御道"，步行的游客从这里走台阶上山，自驾的游客如果是 4 月份来，也建议把车停在路边，走一段步道再返回停车处，看一下山腰上 300 万年前的珍稀品种宝华玉兰，花大如莲，白如雪，基部为紫红色。到"秦淮之源"也可以停下，爬几步台阶到山头俯瞰苍茫的山色，注意这里的"秦淮之源"只是立块牌子向游客介绍宝华山是秦淮河的源头，而不是在这里能够看见秦淮河的源头。

如果是上午从南京、镇江等地出发，玩到山上的隆昌寺一般已近中午，可以先在寺庙门口的宝月斋吃素斋解决午饭问题，推荐素面，参考价 20 元。然后再参观隆昌寺，寺庙的大门朝北，徽派建筑风格，值得一看的一是清康熙年间的汉白玉戒台，清代以来，有数以十万计的僧众在这上面受戒；二是清光绪年间的五口千人大锅；三是明万历三十三年（公元 1605 年）建造的铜殿和无梁殿。每年 10 月，一般来说大致在 10 月 8 日—10 月 18 日，隆昌寺举行三坛大戒，既受男众，又受女众，游客可以观摩，但需尊重佛教礼仪，勿大声喧哗、指指点点。

山上的乌龙洞等洞穴，只能在洞口看下，配备了探照灯、绳索等洞穴探险装备的有经验的户外团队，才能下到洞里去看，是钟乳石溶洞。山上还有山龟听经、高僧墓地群、天龙福地广场等景点。北坡的丛林人真人 cs（宝华山店），如果想玩的话可以网上找一找团购，有优惠的票价。

宝华山的南坡比较幽静，自驾的游客可以从南大门出，不走回头路，非自驾游客还是建议原路返回，从北大门出，因为南大门没什么车经过。若一定要走，那么可以走一下烧香古道，出南大门后沿 305 县道向西步行 2 公里到宝华大道上，有句容 102 路宝华专线的公交站。

每年 4 月下旬，宝华山会举办泡山节，有野营、爬山、放风筝等诸多活动。宝华山景区内有山一方国际度假村，在山的南边，北大门外有宝华山庄，都可以住宿，住在宝华镇上也行，不过还是回到镇江或南京住宿比较好，选择多，吃喝玩乐俱全。

宝华寻乾隆

宝华山脚下有一座千华古村，于 2016 年开街，建筑面积 3 万多平方米，再现 300 多年前的民俗风情。乾隆皇帝六下江南，六上宝华山，给了千华古村厚重的文化依托。古村集山镇、水镇、佛镇于一体，将乾隆六幸与市井文化、秦淮文化、佛教文化相融合。古村八面玲珑，清净秀雅，时时处处展示着浓郁的明清风情。千华古村精彩的"情景再现"演出与亦真亦假的体验更让人流连忘返。布匹坊、豆腐坊、镖局、酒馆、客栈、钱庄……让游人身临其境，仿佛穿越时空。各类主题活动从年初开始一直到年底，有花山古庙会、民俗文化节、泡山节等，让千华古村成为一个永不落幕的"舞台"。

漫步古村，但见飞檐下，灯笼串串，站在"乾隆年间展馆"入口抬头望向右侧，"乾隆年间"简介悬于墙上，从墙上的文字可以看出当时的宝华山是多么繁华、热闹。推开乾隆年间展馆斑驳的木质大门，映入眼帘的是长长的过道和红彤彤的灯笼。乾隆年间展馆里，茶馆、酒家、私塾、当铺、中药铺、乐坊林立，铺陈出百年前的市井气象，特别是每间铺子里栩栩如生的蜡像，从眼睫毛到手指纹路无一不精细，从发饰到服饰皆是清朝时期扮相，游客置身其中，仿佛可以直接和古人对话。

既然来到展馆，就不得不说酒坊了，我们中国的制酒历史文化源远流长，品种繁多，享誉中外。拿黄酒来说，它是世界上最古老的酒类之一。约在3000多年前，商周时代，中国人独创酒曲复式发酵法，开始大量酿制黄酒，使得后人得以尝到黄酒的美味。而现在我们可以在酒馆内近距离参观酒的制作工艺流程等，更深刻具体地了解中国的酒文化。说到这里，我要问大家一个问题，我们知道中国的酒祖是谁吗？对了，是杜康，自此以后，杜康不仅仅是一个名字，更是酒的代名词。三国时的文学家曹操也留下了"何以解忧，唯有杜康"的名句。可见酒不仅融入了人们的日常生活，还得到了丰富的发展，就连乾隆皇帝也趁酒雅兴，留下了"是日观民暇，青春佳兴乘"的名句。

说完了酒，那肯定要去醉巷走一走了。醉巷，狭窄的地方，摩肩接踵，兴致高昂，三杯两盏，伴酒旗飘扬；醉巷，共同采撷诗行，不用饮酒，诗意如阳光。醉于美酒！醉于美人！醉于美景！醉在本心！醉巷是酒吧一条街，也是民宿客栈聚集地，一个个小院落被设计成各式各样的民宿，游客可以在这里尽享悠闲的度假时刻。

说了这么多，我们游客也一定想要看看古村的美了，我们现在就出发吧。

宝华山风景区

　　宝华山风景区于 1996 年被批准为国家森林公园，2003 年被批准为国家 4A 级景区。宝华山原名花山，由于盛夏时节黄花满山而得名，因古时候"花""华"通假，所以又称华山。南朝梁代高僧宝志和尚晚年登山结草为庵，设坛讲经传教，致使此山名声大振，宝志圆寂后，为纪念这位开山祖师，改名为宝华山。宝华山东临铁翁，西控金陵，南负句曲，北俯大江，素以林麓之美、峰峦之秀、洞壑之深、烟霞之胜四大奇秀而著称。宝华山之所以成为我国佛教名山之一，主要原因是隆昌寺在佛教中属于律宗，专门制定佛教法规，被佛教称为"律宗第一名山"。

　　戒公池在山门前，长宽约 30 余米，池周围用石块垒砌，是三昧和尚带领众僧砌成的，山志记载，这里是秦淮河两个源头之一，出水量每天可供数千人用水，雨年不溢、旱年不涸，池水终年不竭，传为奇观。

　　隆昌寺始建于南朝梁代天监元年（502 年），原名千华寺、千华社，扩建于明代，明神宗赐"护国圣化隆昌寺"匾额，遂为"隆昌寺"，已逾 1500 余年历史，是一座"回"字形建筑，属于典型的明清建筑。隆昌寺是近代最大的传戒道场，隆昌寺有"围着寺庙转，不见有山门，听得念经声，不见有僧人"的说法，原因有二：一是隆昌寺是律宗寺庙，以研究和传持戒律为主，纪律严明，为了方便控制僧人进出，所以将门修得非常小；二是隆昌寺僧人功课多，为了使和尚安心功课避免外人的干扰，所以将寺门修得这么小。1734年福聚率领120名执事奉诏进京开三坛大戒，为各地前来的1500名僧众放戒，从此宝华山声名远扬，成为全国受戒名寺。乾隆帝六下江南，曾六进隆昌寺，他亲笔题写大雄宝殿匾额"光明法界"、铜殿匾额"宝冈常新"、戒坛匾额"精进正觉"等。

入了山门是一座气势雄伟的环翠楼，上面"律宗第一名山"五个大字是清代顺治进士、御史笪重光的手笔，1985年时任中国佛教协会会长的赵朴初也题写了"律宗第一山"匾额。

卧佛殿供奉着释迦牟尼涅槃石像，涅槃是梵语的音译，音译为"灭度""寂灭""圆寂"等，是佛教全部修习所要达到的最高理想，一般指熄灭生死轮回后的境界。

韦驮殿又叫布萨堂，"布萨"是梵文，有忏悔意思，这里是指僧人修行时候用来忏悔的地方。隆昌寺韦驮殿与其他寺宇不同，规模几乎等同于大雄宝殿。传说隆昌寺第七代寺祖福聚，本是一个做粗活的和尚，但由于韦驮菩萨显灵让他当上了第七代住持。历史上，福聚和尚字文海，俗姓骆，是唐代骆宾王的后裔，他14岁出家，24岁来宝华。

物华天宝 —— 宝华山

最爱山居养性灵，空岩为几翠为屏。乱峰雨过云犹合，小洞春深草更青。这是清代书画家笪重光笔下的宝华山，家乡句容这片充满灵性的山水，让笪重光留下了虚实相生、无画处皆成妙境的千古名句。

宝华山位于宁镇山脉中段，详细点说，它东临铁瓮，西控金陵，南俯句曲，北俯长江，公路、铁路、水路、高速四通八达。宝华山属北亚热带中部，这里四季分明，雨量充裕，蕴涵着丰富的自然资源。素以林麓之美、峰峦之秀、洞壑之深、烟霞之胜四大奇景而著称。

在群山环抱的脚下有久负盛名的杨柳泉村，这就是咱们千华古村的前身，整个古村建筑以木质为主，有秦淮水阁、乾隆御笔牌坊、放生廊桥、树梢佛阁、信步所至，一步一景，让人瞬间穿越到了明清时代。古村里还聚集了非物质文化遗产的传承人，在千华古村民俗表演广场，我们可以领略到中国民俗传统技艺的魅力，让千华古村成为一个永不落幕的大舞台。

宝华山群峰之中、浅谷之坡隐藏着气势雄伟、建筑庞大的隆昌寺。自梁武帝上山会宝志和尚以来，康熙、雍正、乾隆也相继驾临，最为著名的是乾隆皇帝六下江南，六上宝华山，六进隆昌寺，留下了许多传奇故事。隆昌寺始建于南北朝梁代，扩建于明代，至今已有 1500 多年的历史，被佛教界称为"律宗第一名山"，是明清以来国内最大的律宗传戒道场，盛名海内外。

说到传戒，接下来就给大家介绍一下宝华山的受戒台。戒坛原为木结构，1705 年，律宗第二代祖师见月大和尚改为石戒台。据《宝华山志》记载：见月造石戒坛的开基之夜，感坛殿放光五色，直冲云霄，众山群楼，明如白昼，无不称奇赞叹。僧人们就是在这儿怀着虔诚的心，等待着他们这一生中最重要的时刻，那便是受戒了。所谓的受戒，也就是来此受规矩。众僧视宝华山受戒为殊荣，隆昌寺作为律宗寺院佛门的"最高学府"，设有"三坛大戒"。三坛大戒为我国特有的受戒仪式，分初坛授沙弥、沙弥尼戒，二坛授比丘、比丘尼戒，三坛授出家菩萨戒。必须受满三坛大戒以后才被称为一个合格的大乘出家僧人。沙弥戒和菩萨戒都是公开受戒的，而比丘戒是需要到戒台这边受戒的，受比丘戒时是非常严格的，是三个僧人一组来到戒台，戒台中间坐着三位大师被尊称为三师，在三师的左前方有三位，右前方有四位被尊称为七证，这就是所谓的三师七证，这十位大师会依次对这三位僧人进行提问，必须要回答上来，如果其中有一位僧人没有答上来，这三位僧人都算没有通过。等他们受完三坛大戒合格以后，隆昌寺会给他们发放戒牒，相当于大家的毕业证书，有了隆昌寺的戒牒，便有了云游天下、去某寺院任要职、做佛事时坐正台的资本和权力。

如今这里，千年古刹隆昌寺钟声依旧，江水滔滔，山花烂漫，一座仿若世外桃源的千华古村，炊烟袅袅，民宿待归，再次勾起人们记忆深处浓浓的乡愁……

这里是秦淮之源，物华天宝，宝华山国家森林公园期待您的到来！谢谢！

踏江南古村　寻梦里千华

有人说呀，中国有两个地方，一个是其他地方，一个是江南古村。江南有诗情，江南有画意，亦有古村镇。我相信您来到宝华山，绝对会不虚此行。

宝华山素有"花山"之美誉，在群山怀抱的山脚下有一座久负盛名的杨柳泉村，这就是千华古村的前身。

这里曾是历代商贾云集的地方。走近古村你会发现，明清风格的村落古色古香，依历史背景还原的建筑尽显明清文化的气息，八面玲珑，清净秀雅，时时处处展示着浓郁的明清民俗风情。

依托宝华山原生态的自然美景，打造了这座近4万平方米的以明清文化为特色的乡村古建筑群，营造出步步是景、处处是情的世外桃源。从古村的入口进去，茶楼、粮油铺、酒馆、酒坊、豆腐坊、小吃铺、首饰铺、灯笼铺、中药铺、香艳楼等明清建筑错落有致地分布其中，完整真实地展现了明清时代百姓的生活状况，市井民俗氛围格外浓烈。在清朝的历史上，有著名的乾隆皇帝六下江南，分别于乾隆十六年（1751年）、二十二年（1757

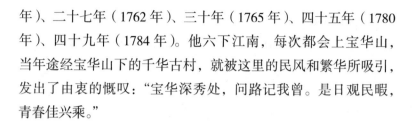

年）、二十七年（1762年）、三十年（1765年）、四十五年（1780年）、四十九年（1784年）。他六下江南，每次都会上宝华山，当年途经宝华山下的千华古村，就被这里的民风和繁华所吸引，发出了由衷的慨叹："宝华深秀处，问路记我曾。是日观民暇，青春佳兴乘。"

漫步古村中，可以看到飞檐下，灯笼串串，绕过酒坊门口的八仙桌，穿过悬挂莲花灯的长廊，在水榭里就能眺望到秦淮水阁，清泉汩汩自山上往下流淌，途经大大小小的山石，飞溅起迷蒙的水雾，勾画出人们心目中的水韵江南。为了接待四方的游人，古村自然少不了客栈。这些各具特色的客栈多在秦淮水阁下面，人住其中，隐隐的水声不绝于耳……干脆打开门窗吧，让泉水从眼皮底下流过，风情与味道在心底回味。原来秦淮源头有二：一出句容宝华山，一出溧水东庐山，合流后入方山，自通济门入于郡城。历尽沧桑的秦淮河演绎过多少才子佳人的悲欢离合，如今都成烟云。

在小街小巷之间，冷不防就会遇到一家客栈，如沐兰苑、云外楼等。在古村热闹的中心地带的鸣翠谷，是小别墅型的客栈，十九间院子演绎出旧时家居的味道——门前的庭院与天井，木门与门闩，都是蕴藏在心灵深处的文化乡愁。还有坐落在半山腰之间的如风禅意客栈，不仅保留了中国传统的民居模样，均有前庭和后院，房间内还放置了瑜伽垫、美体球、佛教文化书籍等。

古村里的人，会跟你讲述寇白门、柳如是的传奇故事，会告诉你古村是都市人的一个梦。在这里不管是游玩、散心，还是吃特色、赏风情，哪怕在小巷喝喝茶、发发呆，心是安静的，快乐是单纯的，有洗净铅华的味道。

古村里还聚集了非物质文化传承人。在千华古村民俗表演广场，我们可以领略中国古代民俗技艺的魅力，可以观看中幡、变脸、喷火、爬刀山、街头驯猴、驯老鼠、木偶戏、古彩戏法等传统的民俗节目。与此同时，江苏省非物质文化遗产研究基地也正式落户景区，进一步挖掘宝华山区域的历史文化底蕴。

我们可以在奇秀静雅的醉巷内一探江南水乡的悠长岁月，也可以在幽溪谷邂逅一段浪漫；我们可以在丁沙地部落了解古代先民日出而落、日出而息的生活，也可以在乾隆御道跟随乾隆皇帝的步伐，看一看千年古刹隆昌寺。

本次讲解到此结束了，希望大家在宝华山玩得开心、玩得愉快，欢迎您的下次到来。

梦里巡游宝华山

宝华山国家森林公园为国家 4A 级旅游景区，位于句容西北部，地处华东黄金旅游线上，距离南京、镇江、句容各 30 公里。这里环境优美，蕴含着丰富的自然资源，有宝华山特有的宝华玉兰、中华虎凤蝶，也是江苏仅有的两张生物名片，素有林麓之美、峰峦之秀、洞壑之深、烟霞之胜四大奇景。

鸟瞰宝华山，群峰之中、浅谷之坡，藏着气势雄伟、建筑庞大的隆昌寺。隆昌寺始建于南北朝梁代，扩建于明代，距今已有 1500 多年的历史了，被佛教界誉为"律宗第一名山"，盛名海内外。说起隆昌寺，就不得不说隆昌寺的"四大怪"了：第一怪戒公池水无涨落，在隆昌寺门口有一放生池，名叫戒公池，非常奇怪的是戒公池里的水大旱不干、大雨不涨，水位始终保持在一定高度。第二怪是百年银杏不结果，隆昌寺门前有 2 棵银杏树，已有 400 多年的历史了，高达 30 多米，枝繁叶茂，但从未结过果实，传说它们是宝华山上乌龙洞里的乌龙和佛教护法神韦陀的化身。第三怪山门朝北开，一般的寺庙和居民住宅都是坐北朝南的，叫向阳宅地，而隆昌寺的山门却是朝北开的，为什么呢？乾隆皇帝六下江南、六进隆昌寺，每次都是从北面而来，为了迎接皇帝圣驾，还有在隆昌寺的北面是长江，过去陆路交通不发达，香客大多是从江上而来，为了方便江上来的香客，所以山门朝北开。第四怪活的韦陀能消灾，据说隆昌寺的韦陀菩萨特别灵验，人们称他是活的。在隆昌寺里还有一座最为神圣的殿堂，叫作戒台，戒台是就是为小和尚举行受戒仪式的地方，通俗一点讲，就是为小和尚考试发文凭的地方，每到受戒时期，来自全国各地的僧人汇集于此，前来受戒，场面蔚为壮观，因此隆昌寺也被誉为佛学的最高学府。

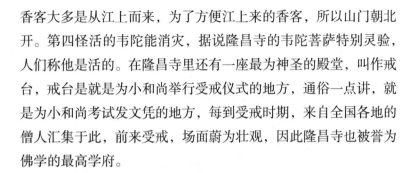

宝华山脚下，有一座明清风貌的古村落，叫千华古村，乾隆皇帝六下江南，六上宝华山，并在这里题字、赋诗、赐银赠物，留下了一段段传奇佳话。当年乾隆皇帝来到宝华山，来到山脚下的千华古村，也被这里的繁华热闹所吸引，于是我们为复原300年前花山古庙会的盛况，就以千华古村为载体，依托宝华山原生态的自然美景，打造了这座近4万平方米的明清文化古建筑群，有钱庄、酒楼、茶馆、秦淮水阁、放生廊桥，让人仿佛穿越到了明清时代。在古村内还聚集着很多非物质文化传承人。一进古村，便能见到已被列入非物质文化遗产的绝活表演——口吞钢珠，你会看见表演的老师傅把一颗拳头大的钢珠放进嘴里，咽在胃里，然后再用气急内丹和气功把钢珠给逼出来，真的是惊险刺激，叫人捏一把冷汗啊！看完绝活，我们还会看到布袋戏、训小白鼠等一系列非物质文化的节目。看着看着，不知不觉来到了中心大舞台，在这里每天都会有专业的杂技演员给大家带来精彩的杂技表演，有脚蹬大缸、顶花坛、北京天桥八大怪之一的鼻吹唢呐，最精彩的莫过于高车踢碗了，你会看见千华古村的帅小伙骑着两米多高的独轮车，一只脚上放着碗，然后利用技巧准确无误地把碗踢到头上，那叫一个惊险刺激啊，叫人目瞪口呆。您以为我们的节目就结束了吗？不，到了晚上，在古戏台还有热闹非凡的篝火晚会，游客可以参与其中，一起载歌载舞。这时候您是不是有些困意了呢？在千华古村还坐落着六七家民俗客栈，其中有江苏省十佳民俗客栈之一的木兰苑客栈，全国十佳民俗客栈的如风禅意酒店群，更有独具特色的房车营地，说到这里大家是不是非常迫不及待地来千华古村体验一下了呢？秦淮之源，物华天宝的宝华山期待您的到来。谢谢！

幽溪谷

感受了千华古村的沧桑风华后，让我们换一种心境，来体验一下山林氧吧的沁芳。

首先我们来到了一汪碧水圣境，这便是玉蝶湖。关于玉蝶湖，有一个美丽的故事。传说乾隆爷首次登宝华山，在千华村短暂休息后，顺着山路爬山，过桥经过一个天然小湖泊，湖四周树茵环抱，水边和林间各种鲜花争艳，叹道："宝华山真乃神奇之地呀！"继续顺山间小路往上爬，登到一小山顶，转身回看，看到一只巨大的蝴蝶在飞，大叫："玉蝶现世！"陪同人员大惊，不知什么原因。乾隆皇帝方才反应过来，刚才有点走神，稳定心神后说："看山下这一汪碧玉湖水，宛若一只蝴蝶，就如玉蝶现世一样，此湖就叫玉蝶湖吧！"

穿过玉蝶湖，我们现在所处的位置就是幽溪谷，它主要由弯折曲绕的山泉水系和两侧生态山林构成。说到水系，我们宝华山一共有30多条瀑布，一路走来，大家随处可见不同的瀑布造景，目前的幽溪谷是在原有瀑布山谷基础上的创新优化。这里植物密布，生态优越，森林覆盖率超过了90%，空气中的负氧离子含量高达每立方厘米2万以上，负氧离子高于市区96倍，是不折不扣的天然氧吧。乾隆皇帝曾六上宝华山，发出了由衷的慨叹：
"宝华深处秀，问路语吾曾。"康熙也数度来游，赐银赐物、不吝
墨宝。宝华山古木参天，叶稠荫翠，根株蟠结，绿草茸茸，落英
缤纷。山上珍稀树木繁多，椴树、银杏等树种生长良好。其中，
宝华玉兰更是宝华山所独有。其花大如莲、白如雪，每至传戒期
则竞相争艳，那浓郁的花香和婀娜的姿态给游客们送来了一片温
馨、几多亲切，是珍贵的园林观赏树木。作为中国的特有植物，
也是国家一级保护植物，宝华玉兰只长在宝华山北坡，海拔必须
是 220 米左右，离开这个环境就很难生存。为了保护珍贵稀少的
宝华玉兰，当地政府于 1984 年建立了面积为 34 平方千米的江苏
省句容宝华山自然保护区，1996 年改建为国家级森林公园。截
至 2013 年底，宝华玉兰在人工精心捉种、培育下，已有苗木数
万棵。

　　独说到宝华山独特的生态价值，这里还有一个小小的民间佐
证，那便是宝华山野生动物代表 —— 山野猪。我们宝华山当地
的野猪非常爱吃山中的野核桃，所以它们的头都会比一般的野猪
头要更大一些。此外，咱们当地的野猪从来不叨扰山下居民，这
一方面说明宝华山物华天宝，野猪已经能够自给自足；另一方
面，我们可不可以理解为宝华山的野猪在接受了"律宗第一名
山"隆昌寺佛钟的洗礼后，也变得通了佛性了呢？所以，大家在
我们宝华山，可以尽情享受人和动物美好相处的和谐氛围。咱们
现在所在的幽溪谷区域结合地形和水体塑造不同的景观空间，水
系两侧遍植桃花、牡丹、杜鹃、山茶等各色观赏花卉，不同季节
次第开放，形成沿水岸线高低错落的花丛。整个幽溪谷的水，犹

如一串闪烁着斑斓光辉的生态项链。

生态佳景自然少不了动情之物，说到"情物"，那么就不得不提一下咱们宝华山的蝴蝶了。在咱们宝华山，有近 50 种各类蝴蝶。其中最著名的当属中华虎凤蝶了，中华虎凤蝶翅展 45—55mm，在黄色衬底的前翅上，自前缘向后翅延射着 7 根如虎斑的粗黑条纹。它是英国昆虫学家 Leech 于 1893—1894 年间发现采集命名的蝴蝶，分布在长江流域中下游地区，但个体稀少，是我国的珍稀蝶类。由于它出现在惊蛰前后，所以也称为惊蛰蝶，每年四五月份会在宝华山南片出现。除此之外，这里还有轻盈飘洒、风度翩翩的美凤蝶，形状酷似枯叶、具有逼真的叶脉纹理的枯叶蝶等。春夏之时，蝶蛹破茧成蝶，大森林渐渐变得热闹起来。蝴蝶们成群结队，悠然自得，轻盈潇洒，缓缓飞行，好不浪漫。难怪彩蝶自古是文人墨客和诗人画家笔下永恒的主题。

游客们，你们是不是被蝴蝶团团围住了呀！

你们看，蝴蝶那翩翩飞舞的样子，多么像在欢迎你们的到来呀！现在我们顺着峡谷的小道继续向前，前方我们看到了一个山洞，这个洞名叫将军洞，为什么会叫这个名字呢，是哪位将军呢？原来这里也有一个典故。20 世纪中叶，许世友将军任原南京军区司令员。在"文革"时期，他率工兵和南京学生驻屯咱们宝华山，挖掘江南煤田，并发誓要"北煤南运"，将军洞即为当年挖煤巷道。然而宝华山的地质不蕴良煤，历时四年，挖煤不成，仅留此洞。煤虽未挖成，但将军锲而不舍、敢于奋斗的精神感染了一代代后人，为了纪念他，便把当时挖煤的巷道命名为将军洞。

　　各位游客朋友，幽溪谷的介绍就给大家进行到此了，现在大家可以自由活动，和花海、蝴蝶、清泉、山林来一次近距离的接触吧！

宝华山的"三奇""三绝"

　　优美的宝华山，以"人文三奇"和"自然三绝"闻名天下。"人文三奇"的第一奇，名刹传戒冠天下。宝华山有"律宗第一名山"之称，隆昌寺始建于南朝梁天监元年（502年），至今已有1500多年的历史，最兴盛时有僧人3000多，全国70%的僧尼和东南亚各国的许多僧尼到此受戒。它的三坛大戒非常出名，是目前国内最大的传戒道场，寺中戒台、千人锅为全国之最，明代敕造的铜殿、两座无梁殿为国内仅存，大雄宝殿内供奉的是香港宝莲寺赠的高5.24米的"天坛大佛"。天下名山、宝刹众多，为什么天下僧人不远万里要到宝华山受戒？一定是宝华山的独特灵气和佛缘吸引了他们。

　　"人文三奇"的第二奇，济公传奇留佳话。济公和尚的原型是宝志和尚，是隆昌寺的开山祖师，他的传奇故事可以说人间皆知。"鞋儿破，帽儿破，身上的袈裟破"的独特形象和"哪里有不平，哪里有我"的侠义心肠，让济公大师名满天下、家喻户晓。济公大师，是百姓心目中最接地气的佛，深受人们喜爱。济公大师成为隆昌寺的开山祖师，也必定与宝华山的灵气相关。

　　"人文三奇"的第三奇，乾隆皇帝恋宝华。乾隆六下江南、

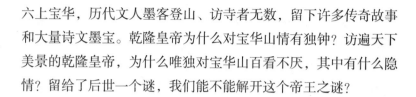

六上宝华，历代文人墨客登山、访寺者无数，留下许多传奇故事和大量诗文墨宝。乾隆皇帝为什么对宝华山情有独钟？访遍天下美景的乾隆皇帝，为什么唯独对宝华山百看不厌，其中有什么隐情？留给了后世一个谜，我们能不能解开这个帝王之谜？

宝华山除了"人文三奇"，还有哪三个"自然三绝"呢？

"自然三绝"的第一绝，中华虎凤蝶绝世芳华。宝华山素有"天然植物园"之称，生长着中国特有植物种和古树名木，如宝华玉兰、铜钱树、苏木兰、老鸦柿等。其中，宝华玉兰是特产于宝华山的珍贵树种，也是江苏省的植物名片。更为神奇的是大自然的绝世瑰宝、江苏省动物名片 —— 中华虎凤蝶，也生活在宝华山。中华虎凤蝶的芳容惊艳世人，其黄色圆形的翅膀嵌镶 7 根虎纹，虎虎生风，风华绝代。

"自然三绝"的第二绝，翠绿大森林绝尘氧吧。宝华山国家森林公园，位于江苏句容西北部，地处 312 国道南侧，距南京主城区仅 30 公里，车程 40 分钟。整座宝华山以近 30 平方公里的森林景观为主体，有一岭、二龙、四池、七台、九洞、十二泉、三十六峰等传奇景点。宝华山的森林覆盖率达 92%，有"天然氧吧"之称，既是远离喧嚣、融入自然、放松身心的度假胜地，也是举行户外定向越野、露营活动的理想场所。置身翠绿大森林，呼吸负氧离子，洗刷胸肺与心情，远离尘世的喧嚣，听一听不老的神话，是一种别样的时光。

　　"自然三绝"的第三绝，清纯山泉水绝色风雅。宝华山还是秦淮河的源头之一，据《宝华山志》记载："秦淮其源二，一出句容华山，一出溧水东庐山；合流入方山；自通济水门入于郡城。"宝华山的泉水至净至纯，清灵透亮，直透人心，滋润了碧波千里的赤山湖，也养育了宝华山的美好年华。

　　山不在高，有仙则名；水不在深，有龙则灵。宝华山能成为佛教圣地，乾隆皇帝每次下江南必访此地，是因为这里的山水有着特殊的灵性。尤其是天龙峰，是乾隆皇帝为百姓祈福之地。

　　如今的天龙福地广场，以宝华山36座山峰中的天龙峰命名。广场占地5000平方米，由百福图、寿星像、十二生肖柱、民俗文化墙四部分组成，富有人文特色。

　　当今盛世，国泰民安。人们的生活丰富多彩，宝华山依托天然地形建造的真人cs野战基地、拓展训练基地以及每年泡山节的野营、爬山、放风筝等户外活动，深受人们欢迎。

　　走一走山间古道，听一听天籁佛音，吸一吸负氧离子，品一品玉笋清茶，会感到时光越来越绿，年华越来越美，人生越来越好。

清新自然爱宝华

　　宝华山原名花山，因盛夏时节黄花满山而得名。南朝梁代宝志和尚登山结庵，讲经传教，遂称其为宝华山。宝华山为宁镇山脉之名峰，最高峰海拔437.2米，为群山之冠。山势崛起而中凹，群峰环绕其下，若花之含萼，窝藏寺宇，如莲之有房，其形安而逸，其势尊而严，气势雄伟，景色壮丽。

　　宝华山东临铁翁，西控金陵，南负句曲，北俯大江，素以林麓之美、峰峦之秀、洞壑之深、烟霞之胜四大奇秀而著称。

　　宝华山周围36座山峰似36片莲花瓣，隆昌寺如莲房一般端坐其中，山间云雾缥缈，溪边流水叮咚，一年四季，松柏常青，确是一片非同寻常的佛教圣地。

　　由于寺庙建在山坳之中，史称"山为莲花瓣，寺在莲花中"。古寺被青山环抱，有"众山点头"之意。古木掩映，常年云锁雾罩，清净绝尘，盛夏无暑，真乃佛门名刹。

　　首先映入我们眼帘的是位于隆昌寺周围的宝华山自然保护区，因地形封闭，水热条件较好，据初步统计，维管束植物有

124 科、352 属、529 种，其中宝华玉兰为特有树种，宝华玉兰是 300 万年前的新生代，它的祖先和许多亚热带植物在东亚大陆繁衍生长，那时到处是飞禽走兽。气候的骤变，许多物种在浩劫中灭绝了，而宝华玉兰坚忍不拔、战严寒、斗冰雪，一代又一代顽强地生存了下来，为今天我们研究自然历史提供了宝贵的活标本。宝华玉兰种植在隆昌寺的四周，一阵山风吹过来，满鼻皆是玉兰花香，再现了苏东坡诗句"冉冉岩花扑马香"的意境。

这是寺庙的放生池，长、宽均为 30 余米，四周用石块垒砌。据《宝华山志》记载，它是秦淮河两个源头之一，出水量每天可供千人饮用。池中供奉着一尊玉石观音像，为戒公池增添了祥和的韵味。池边有 20 多株古银杏树，已有 300 多年树龄，绿荫下的戒公池显得古朴典雅。

戒公池看似貌不惊人，却有着很多神奇的传说。池中有个奇怪的象鼻石，露出水面，水盈它升，水落它缩，因此人们肉眼看来池水相对于象鼻石总保持在同一水位，池水看起来也就不随天旱或天涝而有涨落的变化，所以宝华山上有"戒公池水无盈蚀"的说法，这就是宝华山第一怪"戒公池水无涨落"。

走过戒公池，我们便来到了负有盛名的隆昌寺。隆昌寺又称宝华寺，始建于公元 502 年，至今已有 1500 多年的历史。最初是梁代高僧宝志和尚在此结庵传经，故名宝志公庵。明神宗敕赐大藏经及"护国圣化隆昌寺"的名称，于是改称隆昌寺。隆昌寺鼎盛时期有殿宇 999 间半。隆昌寺属典型的明清建筑，被宝华山

在这里发现句容别样的美——句容市景区景点优秀导游词汇编

36 座山峰环抱，似 36 片莲花瓣，寺庙若莲房端坐其中，由于寺庙建在山坳之中，我们常说"山为莲花瓣，寺在莲花中"。隆昌寺是佛教律宗祖庭，隆昌寺律院先后放戒 70 余期，戒僧遍及天下，东南亚、日本等地许多信徒也慕名前来受戒。凡取得隆昌寺戒牒的和尚，走遍全国大山名刹，都会得到热忱接待。

现在我们面前的就是隆昌寺的山门，一般寺庙的山门是朝南开的，而隆昌寺的山门北面偏东，而且山门小。这又是为什么？

原来山门是朝南开的，因为皇上临幸此山是从北面上来的，为了恭迎圣驾，故改山门朝北，也是为了面对北京，承袭那里的风水，好让皇帝时常来这里烧香拜佛。的确，乾隆皇帝六下江南、六上宝华山。鉴此。民间有君作诗一首："林竹翠柏抱寺庵，隆昌寺院玉中藏。燕窝宝地佛中奇，山门朝北迎圣上。"为何隆昌寺山门既小且僻呢？隆昌寺为律宗寺院，僧人平时不能随便进出，有意将山门造得较小，以示戒律严明，造得偏，以避干扰。所以民间有这么一句："围着庙宇转，不见有山门；听得念经声，不见僧人影。"

好了，让我们一起走过这独特的山门，前往大雄宝殿参观，沿路我们会看到很多殿堂。卧佛殿内供奉着释迦牟尼涅槃石像。韦驮殿又称布萨堂，是僧人修行的时候用来忏悔的地方。韦驮殿供奉着佛教的护法神将 —— 韦陀。传说这里供奉的韦驮菩萨人称"活佛"，能消灾，特别灵验，被誉为宝华山第三怪"'活'的韦驮能消灾"。三圣殿中供奉的是西方三圣，中间的是西方极乐世界教主阿弥陀佛，两旁的是他的左肋侍观世音菩萨和右肋侍大势至菩萨。千手观音殿里面供奉的是千手观音，虽然只有四十二只手臂，但因为佛教里讲二十五因缘，用二十五乘以四十二，为一千挂零，所以称其为千手观音。观世音大慈大悲，普度众生，民间信仰多与"送子"联系在一起。药师殿里供奉着一尊汉白玉药师佛，他是东方净琉璃世界教主，据说可以解脱众生的病痛、苦难和灾祸。

现在我们来到了大雄宝殿之前，这是隆昌寺的主体建筑，重建于康熙十年（1671年），屋顶采用七木架，蝴蝶瓦重檐殿式的屋顶，"清式"屋脊最为壮观，正脊成一条线，有条大竖带，四条小竖带，屋脊两端各一龙吻相接。大雄宝殿中供奉的是香港大屿山宝莲寺的天坛大佛的模佛，高5.24米，慈祥庄严，面示微笑，莲眼低垂，眉如新月，螺发复顶，神韵非凡，具有强烈的东方魅力。大雄宝殿的两侧是二十四诸天，与一般寺庙常供奉二十诸天不同。在天坛大佛背面供奉的是"华严三圣"，中间是法身佛释迦牟尼佛，在他的两侧分别为他的左肋侍文殊菩萨和右肋侍普贤菩萨。

大家请跟随我的脚步，参观隆昌寺最具特色的戒坛。戒坛长四丈，深三丈六尺，是受戒仪式的举行之地。现在的戒坛堂宽五楹，前面设有照壁，两旁有走廊，上面有"佛制戒坛"的匾额，由戒堂、阴魂巷、屏教所三部分组成。戒坛原为木结构，律宗第二代祖师见月和尚将其改为石戒坛。石戒坛位于戒堂正中，遵守律宗"不偏不倚"的规范。

所谓受戒，简单地说，就是受规矩。众僧视宝华山受戒为殊荣，隆昌寺作为律宗传戒寺院的佛门"最高学府"，设有"三坛大戒"。三坛大戒为我国特有的受戒仪式，初坛授沙弥、沙弥尼戒，二坛授比丘、比丘尼戒，三坛授出家菩萨戒。传戒日期约三十日至四十日，主事者为十师和尚。上山受戒者不只是比丘，还有尼姑、男居士和女居士，宝华山第四怪"和尚尼姑在一块"便是源于此。凡在宝华山隆昌寺受戒并取得戒牒的出家人到全国的名山古刹都会受到热忱接待。

我们面前这个古朴的小院内坐落着铜殿，全名观世音菩萨殿，因最初用铜构件建成，所以称为铜殿。铜殿历经损毁修建，大殿的铜构件荡然无存，内外结构均有所改变，现在的铜殿是清康熙年间按照原风格重修的，重檐歇山屋顶，砖木结构。铜殿门额上悬挂着一方匾额，上书"莲界云香"四个大字，原为康熙皇帝手书，现为已故茗山法师的墨宝，殿内现供奉着观世音菩萨的坐身金像。

在铜殿的左右两侧，立着两座古朴精致且形制、大小完全相同的建筑，它们就是无梁殿。因左边供奉着文殊菩萨，所以称左殿为文殊殿；右边供奉的是普贤菩萨，所以称右殿为普贤殿。无梁殿为单檐歇山顶，双层阁楼式，面阔三间，进深两间，平面为长方形。外形为仿木结构样式，全为青砖垒砌，不用寸木，无梁无柱，结构精巧，雕刻精美，内部结构简单，仅用一道砖券代替横梁。屋顶坡度很小，出檐较浅，形式与北京无梁殿相似，但在雕刻上更加精致。

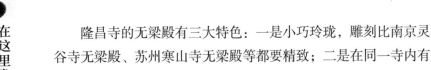

隆昌寺的无梁殿有三大特色：一是小巧玲珑，雕刻比南京灵谷寺无梁殿、苏州寒山寺无梁殿等都要精致；二是在同一寺内有同式且对称的两座无梁殿；三是有上下两层。

接下来，我们继续向前，现在我们看到的是斋堂。斋堂又称五观堂，食时五观，指的是在东亚佛教的禅宗在用餐之前所要做的一种观想，又称之为五观文、食事五观文、食事训等。前面我们介绍过，隆昌寺最鼎盛时期有殿宇999间半，现在在隆昌寺内还留有几口大铁锅，一次可煮米千余斤，可以想象当时隆昌寺的繁盛。

来到宝华山西部峰顶，这里便是拜经堂。拜经堂又名晒经台、会经台。上有巨石如台，相传是梁武帝会宝志处。民国时期，张治中将军曾在此著文追述1932年上海"一·二八"战役，悼念为国捐躯的将士，原建有哭弟亭并立碑以纪念，后被日军所毁。

龙池在拜经堂西北，岸上有石板铺至池中，是往年僧人挑水的地方。龙池虽不大，却很深，大旱之年也不会干枯。驻足池边，您定会发现一种身上有鳞、背黑腹红、尾巴很长的小动物，是恐龙时代的古生物蝾螈，也就是人们常说的"龙子"，这便是龙池名称的由来。

最后，我们要游览的是玉兰园。宝华玉兰是宝华山镇山之宝，也是江苏省植物名片。其祖先诞生于300万年前的新生代，历经气候骤变、冰川浩劫而不灭，被人们称为研究自然历史的"活标本"。宝华玉兰是阔叶乔木，属木兰科植物，花期在每年3月中旬至4月上旬，先开花后长叶，花为白色，基部微紫，艳红的花丝散发着淡淡的幽香。

神秘的宝华玉兰令人捉摸不透，因为它的母树只分布在句容宝华山上，而且更绝的是，它只生长在北坡，海拔必须是220米左右，离开这个环境就很难生存，因此被专家称为"植物中的大熊猫"。宝华玉兰园是采用野生和人工养殖相结合而形成的一个宝华玉兰较为密集的生长区，以供游人观赏。

希望我们的家园和宝华山的景色一样始终保留着绿意，永远清新自然、怡然自得。

最美赤山湖 —— 文化底蕴篇

如果说水波潋滟、桨声欸乃成就了关于江南的梦，那在这一片阡陌纵横、河湖相连的水乡泽国，却有着另一段如梦似烟的传奇过往。当悠悠的微风吹散历史的尘埃，一个带有神秘色彩的湖泊便从梦中醒来，走入人们的视野。

这就是 —— 赤山湖。

"曲城南下有丹山，掩映平湖杳莫攀。地接金陵佳气合，天连茅阜白云闲。"清代著名诗人高鹗用诗句描绘了赤山湖绝佳的地理优势。它位于江南古邑句容西南。金陵之左的句容，东南有著名的道教圣地茅山，西北有我国佛教"律宗第一名山"宝华山，而流淌于两山之间的那一条水脉，终汇于西南一隅，称为秦淮河上游最大的天然湖泊，同时也成为秦淮河的主要源头。

《二十五史》有载："句容，江宁府东，南有茅山，北有华山，秦淮水源于此。"因此，赤山湖也被誉为"秦淮第一湖"。

赤山湖有着丰富的自然资源以及文化资源。专家通过对赤山湖众多历史文化的梳理，归纳出赤山湖的特色文化：湖熟文化、赤山佛教文化、秦太运渎文化、秦淮文化、陂塘文化、屯田文化、圩田文化、水神崇拜文化、儒释道文化等。上述文化皆因水而生，因水而有，并因水而延续数千年，所以"水文化"是赤山湖地区最重要的文化特质。

汉代以前赤山湖曾是句容、江宁、溧水交界处的一片天然湖荡，西汉神爵年间，太守张勃治赤山湖，拉开了赤山湖人工治理的序幕。东汉吴赤乌二年（239年），吴帝孙权为治理都城建邺的水患，在此"筑赤山塘，立磐石，以为湖水疏闭之节"。《三国志》有载：赤乌八年八月，遣校尉陈勋，将屯田及作士三万人，凿句容中道，自小其至云阳西城，通会市，作邸阁，上下共十四埭，号"破冈渎"，距今已有1700多年历史，这也是我国境内最早的一条人工梯级运河，历史上的赤山湖以她独特的地理条件，连接着太湖和秦淮河两大水系，形成句容独特的"秦太运渎文化"，从六朝至隋唐存续已500多年历史。一湖碧水，一座丹山，秦淮文脉千年传。赤山湖不仅滋润着驰名中外的秦淮文化，更孕育出灿烂的史前"湖熟文化"，因湖而熟，沿湖而下。灿烂的湖熟文化以赤山湖为源头，传播至南京，深深地根植于秦淮河两岸。1959年，史学界正式命名为"湖熟文化"，与"河姆渡文化"齐名，她代表了长江中下游地区5000年的灿烂文明。

赤山湖千年的演变历史，是一部人与水相处、抗争的历史。作为南京秦淮河上游最大的湖泊，自古便承担着下游南京的蓄滞洪重任。近年来，极端天气频现，江南地区连续两年（2015、2016年）出现特大洪水，秦淮河流域水位暴涨。今年（2016

年），外环河出现历史最高水位 13.97 米，赤山湖向三岔湖区滞洪 1800 万方水，向白水荡湖区滞洪 660 万方水，三岔湖区水位攀升至 13.65 米，淹没了大部分景区，牺牲了景区的景观设施，削弱了洪峰，却保证了周边村落的安全，为南京的抗洪抢险工作作出了巨大贡献。

在赤山湖悠久的治水历史长卷中，涌现出数以百计的治水英模，有西汉年间的"江南大禹"张渤、凿破岗渎并截淮立埭的典农校尉陈勋、均分赤山湖湖田的儒家先贤程颢、遣八千湘勇修浚赤山湖的晚清重臣左宗棠等。在一次次洪水面前，赤山湖体现的是一种舍小保大、无私奉献的精神。千百年来，人水抗争、人水和谐的故事在赤山湖被演绎得淋漓尽致，成为赤山湖自身独特的抗洪抢险精神文化，镌刻于史册。

这就是赤山湖。历史源远流长，文化积淀深厚。你还有什么理由不亲自去感受她的独特魅力呢?

最美赤山湖 —— 自然风景篇

水 —— 这里清风徐来，水波不兴；林 —— 这里绿树成荫，万木争荣；天 —— 这里碧空如洗，动如参商。这里是风光旖旎的赤山湖国家湿地公园，坐落于句容市西南，地处南京、镇江、常州三市腹地，生态环境优越，风光秀丽，素有"颐养生息地，颐乐赤山湖"的美誉。

这里有千亩荷塘，有涟漪沙洲，有油菜花田，有格桑花海，还有数不尽的鸟类、鱼类……这里由如诗如画的独特景致构成一道亮丽风景线，集观光游览、亲水健身、休闲度假、科普宣教功能于一体，是久居城市人们的放归心灵之所。

这里素以"赤山湖八景"闻名遐迩。"八景"分别是：湖光山色、断桥夕照、牛鹭嬉戏、千亩荷塘、鸿雁南飞、赤山映雪、丹湖花海和环湖绿道。

说起"赤山湖八景"，诗人苏润笔下的"落花过雨湖水红，湖上涌出胭脂峰"描述的就是赤山湖的湖光山色。傍晚，当落日余晖洒在湖面，金黄绚烂，渔人撑着长篙轻摇，远处的赤山与赤山湖山水相拥，相守千年。

让人迷醉的是那落日余晖的断桥夕照，断桥兀立在湖中，桥前无来路，桥后无归路，断桥表面婆娑绿影、斑驳青苔，桥上栖息的各种珍稀鸟类与断桥动静结合，相映成趣。

青草地，河畔处，牛、鹭嬉戏成趣。拥有迷人倩影的白色精灵白鹭，以食昆虫为生，常在牛背上歇息，与水牛一黑一白，一敦厚一灵动，好比神仙眷侣。

夏日，田田荷叶菡萏摇曳，万株荷花在碧叶间亭亭玉立，微风吹过，如少女般翩翩起舞。

秋季，赤山湖畔，风吹苇叶，夕阳动处"鸿雁南飞"，飞过赤山湖的湖面，将"芦苇雁南去，夕霞戴春晖"之意境完美呈现。

冬至将来，当漫天白雪飘落在赤山红色砂岩上，纯洁的白与朱砂的红相映衬，构成美轮美奂的画面，那便是古金陵八景之一的"赤山映雪"。

风吹来时，花浪起伏。春天金闪闪的油菜花，夏天紫色浪漫的柳叶、马鞭草、格桑花，秋季色彩绚烂的菊花组成色彩斑斓的风景线。而露营基地就坐拥在如此良辰美景之中，南拥广阔的赤山湖水面，北接环湖外河，西倚赤山湖大桥，花海环绕，草坪广阔，为游客提供观光游览、餐饮住宿、亲子活动、露营聚会等旅游服务。

全长约 12 公里的环湖绿道，穿绕而过，色彩丰富，独具特色。绛红、湖蓝、草绿，与赤山绿水相呼应，被誉为"江南环湖第一绿道"，并多次承接了国内外闻名遐迩的运动赛事。

"赤山湖八景"说完了，大家是不是意犹未尽？确实，"赤山湖八景"无法将赤山湖的美表现得淋漓尽致，欢迎大家常来亲自感受赤山湖美丽的自然风光！

这里悠然山下，往日无忧；这里墨怀水境，古来无伤。这里独揽清风，畅意忘返。这里是呼唤自然的密境，是绿韵葳蕤与水波徜徉的梦里老家。

最美赤山湖 —— 科普宣教篇

赤山湖国家湿地公园位于句容市城区西南约 15 公里处，西邻南京，距南京城区 37 公里，距南京禄口国际机场 17 公里，距宁杭轻轨句容站仅 5 公里。赤山湖为秦淮河水系发源地之一，区位优越，交通便捷，生态环境得天独厚。近年来，世界濒危物种中华秋沙鸭、大蓝灰鹭等珍禽频现湖中。

2014 年 2 月，国家林业局正式同意建立江苏句容赤山湖国家湿地公园（试点），2017 年 12 月赤山湖国家湿地公园通过国家林业局验收，并于 2018 年 2 月正式授牌。

今天我就给大家科普下赤山湖国家湿地公园绝佳的湿地生境。

众所周知，地球上有三大生态系统，即森林、海洋、湿地。湿地覆盖地球表面仅有 6%，却为地球上 20% 的已知物种提供了生存环境，具有不可替代的生态功能。所以湿地也被称为生命的摇篮和文明的起源地。而我们赤山湖国家湿地公园总面积 13 平方公里，水域面积 10.3 平方公里，湿地率高达 88%。

赤山湖的湿地类型主要包括永久性河流湿地、洪泛湿地、永久性淡水湖、草本沼泽和森林沼泽五种类型。其中永久性淡水湖主要指内湖区和花兰墩千亩荷塘区，总面积 356.78 公顷，占湿地总面积的 30.71%；草本沼泽主要指白水荡等退渔还湖区域，总面积 506.74 公顷，占湿地总面积的 43.66%。随着适宜于水禽栖居的各种生态环境得到有效修复，赤山湖水禽资源逐渐丰富，已知现有维管植物共计 348 种，其中珍稀濒危植物有 4 种，即野大豆、莲、野菱、水蕨；动物共计 313 种，其中国家 I 级重点保护的野生动物 1 种，为中华秋沙鸭，国家 II 级重点保护的野生动物 8 种。

下面我们先来说说赤山湖丰富的鸟类资源。

这里鸟类共计 16 目 41 科 128 种。近年来，通过湿地修复工作的开展，观测到新增鸟类达 59 种之多，除了试点前发现的濒危物种中华秋沙鸭外，还发现了全球总计不到 500 只的青头浅鸭。

破晓时分，欢愉的鸟儿伴着氤氲的雾气从苇叶飞过，震落沉睡的露珠，惊醒低潜的游鱼，唤醒了沉睡中的赤山湖。珍稀动物白鹭、牛背鹭、鸿雁、斑嘴鸭、黑腹滨鹬此起彼伏，伴着落霞形成蔚为壮观的景象，国家 II 级保护动物黄嘴白鹭、小天鹅在水面轻舞，青头潜鸭、中华秋沙鸭在湖中游弋。良好的生态环境，吸引着众多候鸟冬天到这里做客，把这里视为共同的天堂。

当然，除动物外，我们还有丰富的植物资源。依据前期资源调查，园区内现有维管植物共计 348 种，隶属于 218 属、92 科，其中蕨类植物 2 科 2 属 2 种，裸子植物 5 科 13 属 15 种，被子植物 85 科 203 属 331 种，常见有芦苇、香蒲、菰、眼子菜、金鱼藻、苦草等湿地植物种类。

清晨，丰富的植物舒展着身躯。荷塘绿境中的野大豆、莼菜、水车前伴着微风吐露着馨香；金鱼藻、苦草和菱等水生植物随着水波荡漾，葱葱茏茏；绿荫遮天的池杉、水杉和落羽杉等佳木茂林汇聚成赤山湖岸的绿韵婆娑。多类别生态植物演绎出赤山湖生态基因的律动，吸引着游客纷至沓来。

赤山湖国家湿地公园，有丰富的湿地资源，有精髓的文化内涵，亦有数以万计的动物、植物。我们欢迎大家常来赤山湖，置身大自然的怀抱中，在绿树掩映的丛林中，在争奇斗艳的花园里，身边是自然纯粹的呼吸，耳边是飞鸟清脆的啼鸣……

多情多梦赤山湖

　　赤山湖国家湿地公园位于江苏省句容市西南部，距句容城区 15 公里，距南京市中心也仅有 37 公里。赤山湖四周环河，具有湖面广阔、河流环绕、滩涂交织、岛屿点缀的特点，总面积为 1300 公顷，著名景点有断桥夕照、破岗渎闸、上溶渡闸、丹湖花田、鼍龙背则、赤杉苇白等，得天独厚的自然人文景观令人神往。放眼望去，天上飞的，水中游的，地上走的，湖上划的，处处神奇处处景，有着蓬莱仙境一般的美。

　　赤山湖作为中国首个赤山绿水国家湿地公园，是红土覆盖的赤山脚下的一汪盈盈绿水，静美如睡美人一般躺卧在古都金陵之侧，为南京母亲河 —— 秦淮河的源头之一。同时，赤水湖也是目前秦淮河流域句容境内唯一的自然湖泊，当得起"秦淮第一湖"的美誉。近年来，赤山湖项目作为丰盛句容开发项目的核心部分进行规划开发后，其自然环境得以进一步好转，生物物种变得越来越丰富，现已成为南京周边最大的候鸟栖息地，每年过冬鸟类达 290 多种，尤其值得关注的是这里还是大天鹅过冬中转站，所以赤山湖堪称"江苏省生物百科湿地公园"，有观鸟兴趣的朋友在冬季抽暇到这里来观鸟不失为一个上佳选择。

由于赤山湖国家湿地公园位于句容市西南部、长江南岸、秦淮上游，是句容境内难得的水网地带，也是百里秦淮的重要源头和水利文化节点，总体水质良好，工业污染相对较少，所以鱼类在这里自得其乐，水禽在这里自由栖息，芦苇在这里自然生长，水草在这里自主摇曳。周边四通八达的高速公路使赤山湖国家湿地公园与南京、常州、无锡、苏州、上海、杭州等大中城市连为一体，成为这些城市共享的天然明珠。赤山湖湿地公园共分为赤山湖区、花兰墩、白水荡三大板块，其中白水荡景区是以自然林带、人工湿地、草本浅滩、开敞水面为主的沼泽湿地景观，而花兰墩景区则由千亩荷塘、史前文化区、湖熟文化区、秦淮文化区、农业示范区、梦幻水乡组成。值得一提的是，赤山湖绿道是专为游客提供骑行等健身活动，集景观、文化、生态于一体的现代彩色透水混凝土道路，有绛红色、湖蓝色、草绿色等不同色彩，与自然景观相映成趣，赏心悦目，被誉为"江南环湖第一绿道"。

各位游客朋友，当你摇一叶扁舟，从岸边飞舟而下时，相信你的闲情逸致、人生豪情都能在赤山湖尽情挥洒。畅游在湖光山色之间，你会像追寻梦中情人一样，不经意间就陶醉于它那曼妙迷人的风姿、吐气如兰的气质和明眸善睐的柔情。你会由衷慨叹，赤山湖是水做的骨肉，清纯柔婉的水既是它的秀色，也是它的芳魂，它的美是不加雕琢的，是自然和谐的，仿佛这里的每一朵浪花都是一种召唤，每一朵波纹都是一种遐想。

为了给广大游客提供多样化旅游体验，赤山湖湿地公园还开发了单人自行车、双人自行车、家庭式自行车、无轨观光小火车、电动观光车、农家大灶、露天烧烤等体验项目，使来到这里的游客大呼过瘾。总体来说，有景有诗、有情有味的赤山湖宛如一幅美不胜收的多彩画卷，佳山丽水与名胜古迹交相辉映，历史文化与绿色生态浑然一体，优美田园与乡村风韵和谐如画，自然风光与民俗风情相映成趣，是对海内外游客吸引力越来越大的旅游新宠。的确，当你自由自在地在这方养生宝地亲水赏景之际，思与境接，浮躁与烦恼全都消失得无影无踪，怎不让你对赤山湖心生眷恋呢？

　　各位游客朋友，记得有位诗人在游览赤山湖时说过一句充满诗意的话："一到湖上，我的笔就长出了鳞片和羽毛。"是啊，赤山湖是多情多梦的，来到这里一定会让你收获许多许多。

游赤山湖

赤山湖国家湿地公园位于江苏省句容市西南部，距句容城区15公里，距南京市中心37公里。

我们首先看到湖边有一座拔地而起的山，1300万年前的一次火山喷发，造就了这座小山，此山周身分布红色砂岩，故后人称之为赤山。湖因为山而得名，就叫赤山湖。在唐代的时候，赤山湖可大呢，周长有120里，南京的江宁、溧水有很多面积都包括在湖中，湖面面积达200多平方公里，非常壮观，是南京秦淮河上游最大的湖泊，被称为"秦淮第一湖"，南京有船可以直接开到赤山湖，唐朝的诗人王维、书法家颜真卿都乘船来过赤山湖。

赤山湖原本是自然湖泊，经过数千年的沧海桑田，大量湖面被填埋成农田和鱼塘，唐朝那个烟波浩渺的赤山湖逐渐消失，到1979年时，赤山湖水面面积仅剩下2.3平方公里，差不多是唐朝时期的1%。2002年，句容市政府开始"退渔还湖""退田还湖"，修复赤山湖生态，才变成现在的赤山湖，蓄水面积达到了10.3平方公里，既有防洪功能，又有观赏功能，被评为国家水利风景区。现在的赤山湖国家湿地公园共分为三大板块：赤山湖湖区、花兰墩、白水荡，分布有湖畔绿道、断桥夕照、丹湖花田、破岗渎闸、鼍龙背则、赤杉苇白、竹林摇翠等景点。

下面我们来一一欣赏这些景点吧。

湖畔绿道：赤山湖绿道全长 12 公里，色彩丰富，有绛红色、湖蓝色、草绿色，与山水相伴，与花草相衬，与自然融合。骑行在"秦淮第一湖"，湖光山色尽收眼底，心旷神怡。

断桥夕照：断桥矗立在湖中央，桥上经常栖息野鸟，静止的桥和相互竞逐的鸟儿，动静结合，相映成趣，如诗如画。这里特别容易让人联想浮翩：想到了苏轼笔下的西湖，淡妆浓抹总相宜；想到了西湖断桥边，一叶乌篷船承载了一段美丽的爱情。

破岗渎闸：破岗渎是三国时期的孙权于公元 245 年开凿的第一条人工运河。孙权在建康建都后，为了加强与东部广大地区的政治经济的联系，便发屯兵力 3 万凿句容中道兴建破岗渎，破岗渎开通后船舶从南京顺秦淮河到赤山湖，再经破岗渎到丹阳，便与太湖地区的江南运河贯通。破岗渎运行了 500 年，是中国历史上最早的人工梯级运河。

鼍龙背则：水则是古代水文设施，用以观察和记录水位的涨落。赤山湖水则最早出现在东汉末年三国时期。公元 239 年筑赤山塘时，立盘石水则。经水利史专家考证，赤山湖水则是江苏省最早的古代水文观测设施。

丹湖花田：面积 230 亩，混播了香雪球、虞美人、桔梗、菊科等多年生草花。春夏繁花似锦，秋季各类菊花娇艳盛开，美不胜收，数百亩的花田形成了色彩斑斓的风景线。

赤杉苇白：临水而居的芦苇、水杉不经意地浮现出水面，构成了诗意的图景。秋天是赤杉苇白最美的季节，水杉叶片浸染成红褐色，微风略过湖面，一簇一簇地飘落，铺满整个滩涂，芦苇轻摇雪白的飞絮，随风曼舞，仿佛漫天飞雪中亭亭玉立的红衣少女，给赤山湖赋予了灵动又青春的气息。

竹林摇翠：万竿修竹，四季青翠，随风摇曳。穿过竹间小径，大好湖光山色尽收眼帘，尽情享受翠竹带给我们的清凉与惬意。

这些景色看完，大家可以感受到赤山湖没有鳞次栉比的高楼，没有现代工业化的高压电塔，有的是错落有致的村庄、满眼的油菜花、一水白到天的湖荡、赤山的轮廓，甚至在天气晴好时可见 20 多公里外茅山的剪影。在赤山湖看到了记忆中真正的梦里水乡江南，这里是江南纯净的天际线。

赤山湖是鱼米之乡，土壤肥沃，物产丰富。赤山湖圩区产出的大米圆润糯香，在晋朝时就是贡米。赤山湖的美食丰富多彩，三岔猪头肉，用一坛百年老卤，做出的猪头肉幽香暗袭，口感上乘，是当地著名的特色菜。此外，还有赤山湖鱼头汤、郭庄狗肉、水八鲜等，这里简直就是美食天堂、饕餮乐土。

大家如果有兴趣，欢迎去湖畔餐厅品尝赤山湖美食，临走时，可以带点赤山湖大米。

赤山湖，是句容的山水精华所在，还有一种风水之说：赤山湖汇聚三方，九河进水，水往西流，是天然的聚宝盆。今天大家走了聚宝盆，把财气带回家！

伏热花海风光好

各位游客朋友，欢迎您来到句容市白兔镇伏热花海庄园休闲观光、放飞心情。也许看腻了名山大川的您，会对为梦想着色的满目芳菲偏爱有加。对逃出城市的你来说，游游花海、谈谈恋爱、看看风景、品品美食应该是一个不错的选择。美在伏热花海，这绝不是夸口，所以您来着了！

走进伏热花海庄园，就走进了风景，就走进了诗画的美丽。如果说每一个地域都有属于它的色彩，伏热花海就是美丽句容的最美色彩。一脚踏进句容，处处是美景，遍地着风流，简直看不尽、阅不完，但最美丽的景色还在伏热花海。伏热花海庄园占地近 700 亩，四季花海和亲子乐园是伏热花海庄园的两大主题。四季花海以世界各地的花海胜景为原型，春夏秋冬有不同的缤纷色彩，花开时节映入眼帘的是赏心悦目的五彩斑斓。伏热花海庄园内有以日本北海道富良野七彩花海为原型修建的七彩胜景，有以日立滨海公园为原型修建的滨湖花海，有以法国阿尔勒为原型修建的泰迪熊花海和以普罗旺斯薰衣草园为原型修建的微热山丘等，皆曲尽其妙。每到双休日、节假日期间，南京、镇江、常州、无锡、苏州、上海、杭州等大中城市的游客驱车前来伏热花海开展赏花赏景、亲子游乐、休闲度假活动，每个双休日日游客量均超过 1 万人次，真是火爆得不得了。

每到艳阳五月天，伏热花海庄园便呈现出一派繁花似锦、花开正艳的景象，十足的世外桃源、醉美风光。大片格桑花海进入最佳观赏期，五彩缤纷的格桑花在微风吹拂下摇曳多姿，香气扑鼻，引得众多市民和外地游客慕名前来游玩观赏。格桑花又名格桑梅朵，盛开在青藏高原的恶劣环境中，在藏语中格桑花是"美好时光"或"幸福"的意思，所以格桑花也叫幸福花。藏族群众为了表达对美好生活的向往，常以观赏格桑花来寄托期盼幸福、吉祥的美好心情。这些盛开在青藏高原上的格桑花，能够在江南水乡生根发芽，绽放花朵，让人们就近领略到荒凉高原上的秀美花色，也算是眼福不浅。游客除了欣赏到盛开的格桑花外，在伏热花海还能欣赏到俊秀可爱的大葱花、满载母爱的鲁冰花、等待爱情的薰衣草、美艳长新的月季花等，可以说各种正值花期的花儿，可着劲儿地盛开出来，完美地诠释着最美人间五月天的丰富内涵。

每到丰收十月天，伏热花海又展开了另一场花的盛宴，七大花海同期绽放喜迎国庆佳节。从 8 月下旬开始，伏热花海内的向日葵、粉黛、鼠尾草、马鞭草、格桑花、波斯菊、百日草共七片花田便相继绽放。伏热花海的金秋向日葵季在国庆时节倾情开幕，花间音乐节、缤果集市、童心绘梦、花车巡游等丰富多彩的活动也轮番登场，称得上是琳琅满目、精彩纷呈。

此外，伏热花海庄园还精心开发了土耳其风情热气球体验项目，让周末游的游客可近距离感受土耳其风情热气球成群结队飞升的壮观场面，当您看到五颜六色的热气球把天空点缀成梦幻斑斓的模样时，真会产生置身于神奇浪漫的土耳其卡帕多奇亚的穿越感受呢。如果您有兴趣登上热气球在高空欣赏花海美景，体验那种既提心吊胆又震撼十足的感觉，那更是足以铭记一生的美好记忆。

展望明天，在为期 5 年的伏热花海项目建设期间，伏热花海庄园还将更加专注地致力于打造花卉观光产业园、长三角特色旅游景点、花卉主题文化艺术交流基地。到那时，伏热花海庄园将更加光彩夺目、风光无限，向无数爱花惜花之人发出号召力更强的爱的"明信片"。

各位游客朋友，伏热花海的一处处美景胜地，如璀璨明珠，光芒四射；伏热花海发出的一次次盛情邀约，如和风细雨，沁人心扉。来到伏热花海，您一定会玩得开心、痛快，不虚此行！

岩藤农场

我们现在所在的地方就是句容岩藤农场。岩藤农场是集农事体验、花海观赏、生态餐饮、木屋住宿、休闲娱乐为一体的生态农庄。

从空中看我们的岩藤农场就像彩虹一样色彩斑斓，花田纵横交错，蓝天白云就好像湖水里长出来的，分不清是湖水还是天空。鸟儿们在花海、湖面自由翱翔，如同天上的仙子一般尽情飞舞。

荷兰风情的大风车随着微风转动，成片的郁金香也随之附和，尽情展现自己的舞姿，让自己独特的香味随微风吹遍每一处。

花海与湖水融为一体，花傍着水，水牵着花，相互缭绕，相映成趣。鹅卵石小道一直延伸至花海深处，有种曲径通幽处的感觉。脚踏鹅卵小径，脸庞与夹杂着郁金香芬芳的微风轻揉，眼前的花儿摇曳着身姿，田园的闲适与恬淡尽收眼底，还有健康、营养、美味的乡村美食相伴，简直幸福得不要不要的。

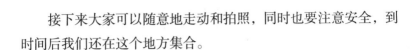

接下来大家可以随意地走动和拍照，同时也要注意安全，到时间后我们还在这个地方集合。

今天的旅游参观就到这里结束了，在这么美的地方相信大家玩得也是挺开心的，在此祝愿大家每一天都像今天一样开心快乐。

江苏小九寨沟 —— 九龙山

　　九龙山，原名瓦屋山，后更名为九龙山，素有江苏"小九寨沟"的美誉。据说，很久以前，海龙王九太子运送一船金银财宝，路过这里，因贪恋这片风景，迟迟停留不走，结果海水退潮被搁浅于此，化作此山。这座山海拔357米，山顶两头翘，神似屋脊，地理位置在著名的茅山南部。

　　现在我们来到了第一个景点李塔湖水库。水库三面环山，一面平原。远看，大小山峰连绵起伏，水气接天；近看，库里的水清得见底，平得如镜。各种野生的鱼虾在清澈的水中游来游去。整体看像一大块明亮的翡翠，碧绿碧绿。此时在阳光的照耀下，波光粼粼，真像夏夜点点的繁星在不停地闪烁！"李塔藏画""九龙山色"被评为句容十佳风景。一年一度的国际公路自行车比赛都是在这里举行的，吸引了众多的游客前来观赏。

　　下面请大家跟随我去看山林深处的植被和农家山庄。前行两公里车程，我们就到了这里，请你们看，这里都是纯自然的植被。树木茂密，层层叠叠，迎面飘来桂花的香气。在这郁郁葱葱的绿树掩映之中，里面有几处农家乐，为我们游人提供餐饮、住宿、休息等服务项目！在这里你可以品尝到正宗的农家风味，如

163

红薯粉块、春笋腊肉、茅山老鹅、土鸡汤等，都让人垂涎欲滴！

我们继续前行。好，到了。走了大约 3 公里的车程，现在到了九龙山景色最迷人的地方。此刻你们的感受如何？是不是感到自己置身在绿海之中。看！路两旁绵延不断的山岭纵横交错，天然自成的各种植被枝枝蔓蔓，浑然一体。在九曲九弯的山路上方架起了硕大无比的绿色天棚，遮天蔽日，清静幽深。路两旁此时出现了密密麻麻的竹子，这里就是竹海观景。一棵棵或粗或细的竹子高高耸立，直插云霄，绵延数公里，这里的空气含氧量特别高，做做深呼吸感到无比的舒畅，是名副其实的"天然氧吧"。此时我想到几句打油诗：九龙山中走一走，吓跑无数烦恼狗。九龙山中笑一笑，胜吃一切长寿药。大家尽情笑一笑吧！九龙山虽然没有泰山的险，没有黄山的奇，也没有庐山的美，但是它的自然、淳朴、幽雅是无以替代的，真的让我们在此意犹未尽、流连忘返！

自然的九龙山

　　九龙山位于国家 5A 景区茅山风景区的南侧，以原始之美吸引了众多户外运动爱好者前来登山观景。

　　九龙山方圆 100 多平方公里，里面有大小山峰十几座。这些山的海拔都在 300 米左右，这种海拔高度在高原上实在是平淡无奇，但在长江三角洲平原上，就是拔地而起、山势峻峭、直指云天。它们既相互拱卫，又彼此拉开，显得疏密有致、清朗洒脱。在这些岗峦的褶皱间，自然形成了小盆地、小峡谷、小水库。由于以前交通闭塞，山高林密，山的自然植被保存得比较好，很有原始古朴的味道。在这里，既能感受到北国崇山峻岭的雄伟气势，又能欣赏到南国山水的温柔娟秀。经专家评定，这里的生态环境在江苏省名列前茅，被誉为"苏南香格里拉，人间世外桃源"。

　　九龙山代表性的风景体现为"三高三洼"。"三高"分别是 3 座最方、最尖、最长的山峰，"三洼"是 3 处低洼的小盆地、小狭谷、小水库。

　　山顶最方的山：方山。四面是方形的，古代又叫四平山。这是一座死火山，几十万年前爆发过一次。火山灰富含有机养分，特别适合草木生长，因此这座山上的植被特别丰茂，成片的榉树、槭树密布山中，高大如盖，浓荫蔽日。有些大树上还缠绕着藤蔓，显示出原始古朴的味道。苍翠的毛竹夹杂其中，亭亭玉立，枝叶婆娑，别有风情。走在这上山的路上，就有进入避暑山庄的感觉，阵阵凉意夹着古朴的苍莽扑面而来。方山的山顶地势开阔平坦，略有小小的起伏，线条很优美，有1000多亩。山顶有几户人家，以种植茶树为生，他们的房屋掩隐在竹林之中，屋前是一垄垄半人高的茶树，葱绿滴翠，空气清新，仿佛仙家居住，叫人流连忘返。极目四周，高远的天空、温暖的屋舍、碧绿的茶叶……一切都叫人忘却都市里钢筋水泥的冰冷和沉闷，在这儿望云卷云舒，看花开花落，好不逍遥自在。

站在海拔308米的方山往下看，是一个盆地，被誉为"小桃花源"。

小桃花源有三平方公里的范围。小盆地东面是四座山连成一排，状若屏障，南面也是三座山错落地连为一排，西面是一大片水域静卧在山峰之间，那是李塔水库。三面环山，一面临水，与世隔绝，好一个世外桃源。有两个小村庄安详地坐落其间，桑田美竹，鸡犬相闻，树木葱茏，炊烟袅袅。

小桃花源的西侧是李塔水库。李塔水库建于1957年，半公里长的大坝筑在两座山之间，形成2000亩的水面，湖因群山环绕而曲折多变，自然形成4个半岛、5个水湾。湖周围的山峦线条舒展，形态生动，有的像睡美人，有的像神龟探水，有的像鲲鹏展翅。置身李塔湖，看群山如屏、秀峰错落、层峦叠翠、跌宕多姿，如同欣赏一幅藏在山水之间的天然画卷。这里有个雅称："李塔藏画"，曾被评为句容新十景。

山顶最尖的山：丫髻山。从小桃花源往深山里钻，穿过千亩竹海，就到了丫髻山的半山腰。丫髻山山顶是句容、金坛、溧阳三市交界，可谓"一脚踩三县"，是整个茅山山脉海拔最高的山峰，有410米。在丫髻山山腰建有2个观景台，有10层楼房高。站在观景台上观看小盆地，视野开阔，山峰秀丽，水库妩媚，村落安详，有一种荡气回肠、畅快淋漓的视觉快感。

山顶最长的山：瓦屋山。丫髻山对面是海拔350米的瓦屋山。瓦屋山呈现长条形，山顶状若屋瓦，有3公里长，因此叫瓦屋山。"瓦屋如云青作花，华阳绛气屋青蛇。中开百尺仙人掌，摇漾金光落紫霞"是明代大文学家汤显祖对瓦屋山秀美景色的赞美。

瓦屋山和马山之间有一个狭谷，叫大山口。大山口有2公里长，宽0.5公里，里面有一个小村落隐藏其间。秀峰相连，风光迷人，少见人烟，远离滚滚红尘。山上除了常见的松树、杉树，还有毛竹、板栗、榉树、栎树、香樟、槭树。若是在春、夏、秋三季，多种色彩辉映，斑斓缤纷，清朗明丽，宛若童话仙境。蓝天、白云、森林、草地，一切都繁茂而明朗，纯净而妩媚，无怪乎人们称之为"句容的九寨沟"。

　　九龙山地区盛产竹笋、板栗、冬枣、柿子、桃子、花生等。山中的金蝉花被人们称为"江南的冬虫夏草"，富含多种营养，当地人用它炖老母鸡，特别滋补。

　　旅游界有句话：往往越是闭塞荒凉的地方，越是自然景色纯粹的地方。换句话说，闭塞的地方正是埋在地下的窖酒，一旦开启，异香扑鼻而来。九龙山藏在深闺几百年了，保存了极其原始淳朴的自然风貌，显示出独特的价值，现已引起人们的关注。一条公路从茅山风景区接出来，绕过方山脚下，进入小桃花源，绕过李塔水库的坝埂，蜿蜒进入瓦屋山，将众多山水串联起来。车子走在这条路上，就仿佛在景区漫步，一幅幅旖旎的画卷展现在你眼前，定会让你醉在其中，飘飘欲仙而不知归处。

　　朋友，跟我来吧，现在这儿还没有商业化开发，一切都是原始的、纯朴的、无污染的，你来个尝鲜游吧！